# 結果を出す人の
# すごい伝え方

Gakken

# こんな経験ありませんか？

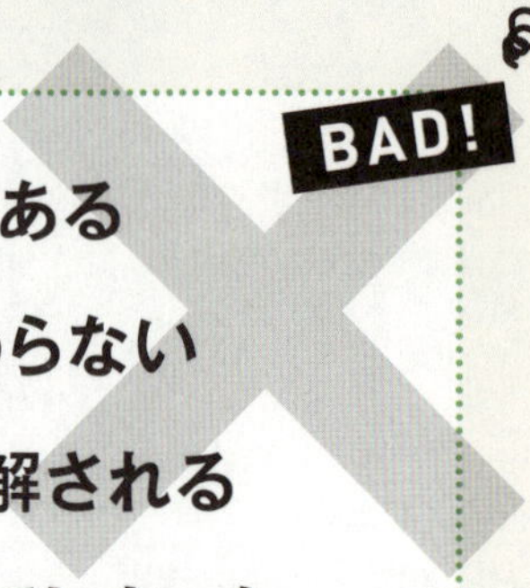
BAD!

- □ 話がかみ合わないときがある
- □ 気持ちや考えが人に伝わらない
- □ 悪気はないのに、よく誤解される
- □ 言い方が悪くて、怒らせてしまった
- □ 言いたいことをうまく伝えられない
- □ 自分の話をしすぎて敬遠された
- □ とっさの問いかけにうまく返せない

だから……

仕事のトラブルに
発展して
しまうことがある
人間関係が
ギスギスして
居心地がよくない

イラスト：こおろぎ

# 結果を出す人は伝え方がうまい!

GOOD!

- □ 場の雰囲気に合わせて話せる
- □ 気持ちが伝わる話し方ができる
- □ 相手の気持ちを読むのが得意
- □ 初対面の人と、話が弾む
- □ 論理的な流れで話ができる
- □ 相手の言葉を注意深く聞いている
- □ いつも的確な返事ができる

人間関係がスムーズで仕事が楽しい!
信頼されるので周囲に高く評価される!

# これ1冊で あなたも 伝え方がうまい人になれます!

P.12

**仕事も人生も思いのまま**
**人の心を動かす伝え方**

伝え方のルールを覚えれば
相手の気持ちを動かせるようになる。

## 相手の心をつかむ!<br>行動で距離を縮めるコツ

P.35

人の表情や行動、しぐさにひそむ
ほんとうの気持ちを読めるようになる。

## タイプ別つきあい方と<br>会話のルール

P.55

怒りっぽい人、ウソをつく人、神経質な人など
癖のある人とうまくつきあう方法がわかる。

## 受け方のコツがわかれば<br>会話は流れる

P.71

受け方のコツを覚えておくだけでいい!
会話が盛り上がれば自然に親しくなれる。

## 相手の「YES」を引き出す<br>会話術

P.91

交渉、主張、説明、お願いのシーンで役立つ
実践的な言い回しをマスターしよう。

## 一目置かれる人になれる!<br>返事の方程式

P.112

仕事の現場で求められるスピーディーで
的確な返事を「方程式」で覚えられる。

# CONTENTS

仕事の教科書mini

結果を出す人の
すごい伝え方

巻頭特集

## 仕事も人生も思いのまま

# 人の心を動かす伝え方

ビジネスパーソンがかかえる悩みの大半は、
人間関係にあると言われる。
他人は自分の思いどおりには動いてくれない。
逆に言えば、他人の心をつかみ、思いのままに動かせれば、
日ごろの悩みのほとんどが解決するだろう。
部下やメンバーが的確に行動してくれ、
夫・妻が気持ちよくふるまってくれる。
そんな理想の状態が実現できれば、
あなたは幸せな人生を実感できるだろう。
この特集では、人の心を動かす伝え方を身につけることで、
仕事も人生もうまくコントロールする方法を紹介する。

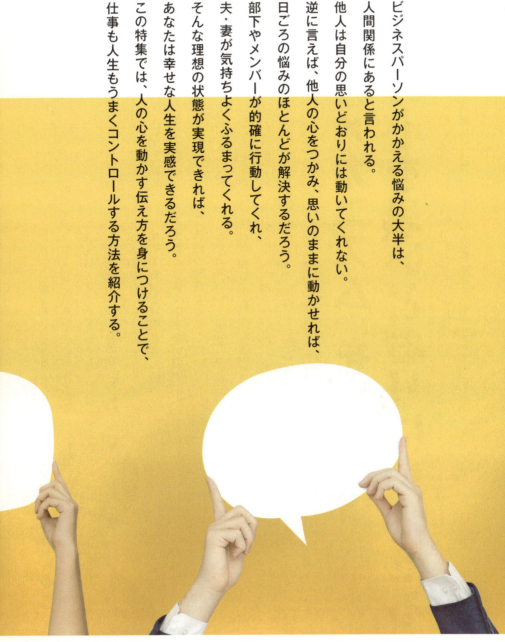

# "心のメカニズム"を知れば人の心を思いどおりに動かせる

相手を不快にさせず思いどおりに動かすテクニックを、累計20万部を突破した「神シリーズ」の星 渉さんがレクチャーする。

作家・講演家・ビジネスコンサルタント

**星 渉さん**

PROFILE

株式会社Rising Star代表取締役。「好きな時に、好きな場所で、好きなシゴトをする個人を創る」をコンセプトにビジネスをプロデュース。その手法による成功確率の高さが各方面で話題を集めている。

Wataru Hoshi

## まずは「人の心を動かしたい」理由を考える

日ごろ、人間関係に悩むあなたは、「人の心を動かす？　そんな方法があるなら、すぐにでも教えてほしい」と思うかもしれない。

だが、あわててはいけない。

「具体的な方法を実践する前に、まずは自分がなぜ『人の心を動かしたいのか』をはっきりさせておく必要があります」

これまで数々のビジネスをプロデュースし、成功に導いてきた星《ほし》渉《わたる》さんは、そう釘を刺す。

あなたが「人の心を動かしたい」と思うのは、

- **仕事でもっと評価されたい**
- **上司とうまくつきあいたい**
- **夫婦の関係をよくしたい**

など、何かしら理由があるはず。それを探り出していくのだ。「たとえば『1か月間、それを実行したら100億円もらえる』。そんな理由があれば、だれでも一生懸命取り組むでしょう。理由をはっきりさせないまま有効な方法を実践しても長続きしないし、効果もあがらないのです」

いくら考えても理由が思い浮かばないのなら、「そもそも実践する必要がないのかもしれない」と星さんは言う。小手先のテクニックを身につけることが目的ではなく、「人の心を動かす伝え方」を手段として、自分の理想を実現するのが真の目的だからだ。

「人は、無理にやらされたものより、自分がしっかりとした理由を持って取り組んだものをやるほうが幸福感が高まります」

まずは、下記を参考に「人の心を動かしたい理由」を見つけるところからはじめよう。

## 「人の心を動かしたい理由」を3ステップで考える

「人の心を動かしたい理由」をいくら考えても思い浮かばない人は、ここで紹介するステップで考えてみよう。

### Step 1
**理想の状態を思い浮かべる**

「部下から信頼され、自分も成果をどんどんあげている」「夫婦が笑顔で会話している」など、自分の理想の状態を思い浮かべてみよう。

### Step 2
**具体的な場面を設定する**

先に考えた理想の状態を、さらに具体的な場面に落とし込む。相手がどんな表情をし、どう行動するかなど、細かく設定していく。

### Step 3
**相手に応じた伝え方を身につける**

場面を設定したら、会話の相手に応じたふるまい方をマスターし、実践する。日ごろから少しずつ習慣として行うのがポイントだ。

## 人は「安心感」と「自己重要感」で行動する

「人の心を動かす」ために、ビジネスの現場や家庭で、どのようにふるまえばいいのだろうか。
「人の心を動かすには、科学的なメカニズムを知ることが大切です」と星さんはその極意を語る。
　私たちは感情で動いている。まずこの事実を理解する。たとえば「相手の言うことは正しい。でも感情的に許せない」などといった経験があなたにもあるはず。
「私たちはどんなに相手の話が論理的・合理的であっても、自分の感情が同意していなければ、真に受け入れられないのです」
　では、相手の感情にどのように働きかければよいのか。

「『人の心を動かす』鍵は、『安心感』と『自己重要感』です。相手のこれらの感情が満足するようにふるまえば、人はこちらの思いどおり行動してくれるのです」
　科学的なメカニズムをもう少し説明しよう。人は、左の図のように5種類の欲求を持っているとされる。生命が脅かされる危険のほとんどなくなった文明社会では、「安全の欲求」は満たされているように思える。しかし、じつは「心の安全」は必ずしもそうではない。
「身の安全が保障された、雨風がしのげる家に住んでいても、職場でパワハラを受けたり、SNSなどでネガティブなコメントを多くもらったりする状態では、真の安全を実感することはできません」
　そこで、まずは「傷つきたくな

星さんの著書

**神トーーク**
**「伝え方しだい」で**
**人生は思い通り**
KADOKAWA／1,540円
心理学・脳科学に裏づけされた「人の心を動かす伝え方」を伝授。人間関係や仕事、リーダーシップ、お金、恋愛など、人生のさまざまな悩みがこの1冊で解消する。発売6か月で7.6万部を突破。

**神メンタル**
**「心が強い人」の**
**人生は思い通り**
KADOKAWA／1,540円
強い心を科学的につくり出し、人生を思いどおりに運ぶ方法を紹介。「好きな時に、好きな場所で、好きなシゴトをする生き方」をしたい人のための本。13万部突破のベストセラー。

い」という相手の「安心感」を保障することが、「人の心を動かす」ための第一歩となる。

「『安心感』が保障されるようになると、今度は『自分を認めてもらいたい』『自分が価値ある存在だと思われたい』という欲求が出てきます。これを『自己重要感』と言います」

私たちはみな、他者とのコミュニケーションを通じて、「安心感」と「自己重要感」を得たい、失いたくないと思っている。

「仕事や家庭など、日ごろかかわる人に『安心感』を与え、相手の『自己重要感』を満たすことができれば、もう人の心を動かせるようになっているのです」

次ページから、具体的な実践法を紹介していこう。

## 人が行動するための“心のメカニズム”

アメリカの心理学者、アブラハム・マズローは「人間は自己実現に向かって絶えず成長する」とし、人間の欲求が5つの階層に分けられていると説明した。

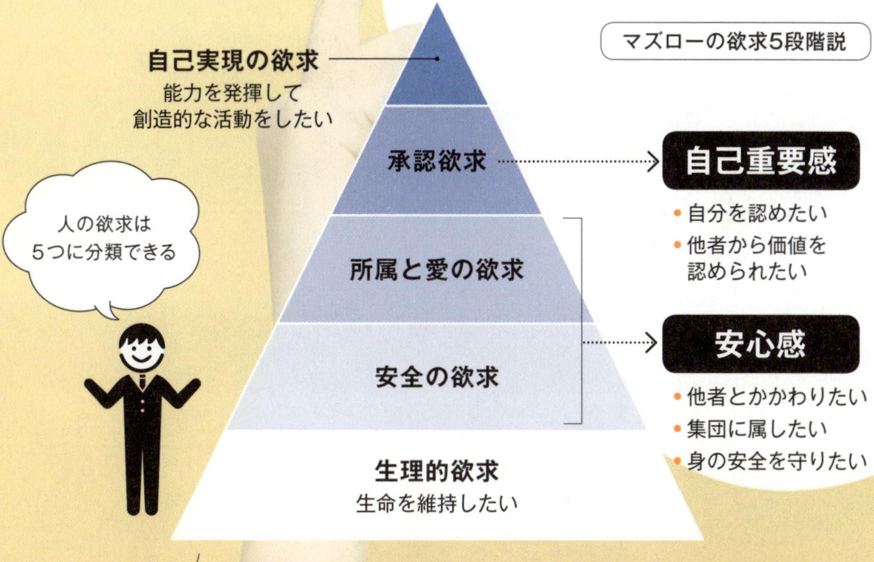
マズローの欲求5段階説
自己実現の欲求
能力を発揮して
創造的な活動をしたい
承認欲求
自己重要感
・自分を認めたい
・他者から価値を
認められたい
所属と愛の欲求
安全の欲求
安心感
・他者とかかわりたい
・集団に属したい
・身の安全を守りたい
生理的欲求
生命を維持したい
人の欲求は
5つに分類できる

POINT!

**「安心感」と「自己重要感」を満たす伝え方で人の心は動く**

Case 1

# 相手に安心感を与える

## 「傷つくことはない」という信頼を得る

人は聞き手に安心感を持つと本音で話せる。
まずは会話の中で下の2つのふるまいを実践しよう。
相手の信用を得れば、信頼関係をきずける。

「安心感」を与える人とは？
最後まで話を聞く
絶対に否定しない

安心感を与える実践トレーニング 1

# 1日5回、笑顔で反応してみる

1日5回、意識的に笑顔で接してみよう。オフィスや自宅はもちろん、カフェで注文したものを受け取るときなどにこれをくり返していくと、やがて自然に相手に「安心感」を与える笑顔をつくれるようになる。

## 笑顔で「自分は友好的な存在である」という情報を送る

私たちの感情は「目に見えるもの」に左右される。動物や赤ちゃんを見れば優しい気持ちに、事件のニュースを見ると悲しい気持ちになる。人間関係において、相手の目に見せるべきは自分の「笑顔」だ。自分の表情によって相手が持つ印象は大きく変わる。まわりの人に「安心感」を与えるためにも、「笑顔」を効果的に使おう。

心理学的に「腕や足を組む」はブロックのサイン

相手が話しかけてきたタイミングで、組んでいた腕や足をほどけば、信頼感が高まる。

笑顔は「友好的な存在」であることを示す

比較行動学者のイレネウス・アイブル＝アイベスフェルトが、文化・宗教を問わず「笑顔で友好的であることを示す点」が共通しているのを発見。

結果 **友好的な表情・姿勢を習慣にすれば、それが人望へと変わる**

 イラスト：瀬川尚志

安心感を与える実践トレーニング②

## 1日10回、「好き」と言ってみる

今日から1日10回「好き」と言う習慣をつけよう。ビジネスの現場なら、個人だけではなく、チーム全体や、だれかの行動・モノに対して言ってもいい。その際、相手の表情がどう変化し、自分がどんな気持ちになったのかにも注目してみよう。

### 「好意の返報性」という心理的効果を活用する

相手に「安心感」を覚えると、そこに「好意」が生まれる。「人の心を動かす」力は、自分に好意を感じてくれる人が多いほど大きくなる。相手に好意を持ってもらう方法は意外に単純だ。「あなたが好きです」と伝えればいい。人は何かをしてもらったら、お返しをしたい気持ちになる。この「好意の返報性」という効果を活用しよう。

人は「好き」と言われたら、その人に「好意」で返したくなる。これを「好意の返報性」と言う。

**結果　「好き」と言ったぶんだけ相手からの信頼度がアップする**

安心感を与える実践トレーニング③

# 意見の異なる人に同調してみる

自分と意見や価値観が異なる人には「同調＋質問」で返そう。たとえば、「なるほど、○○さんは△△とお考えなんですね。どうしてそうお考えですか？」と聞く。自分の考えを聞いてくれると思えば「安心感」を覚え、相手は気持ちよく話してくれる。

## 相手の言葉をくり返し、あいづちで理解を示す

「絶対に否定しない」を実践する方法のひとつが「同調する」だ。と言っても、相手と同じ意見を持つのではない。「あなたがそう思っていることを理解しました」と表現するのだ。人はそれぞれ異なる背景や事情を持っている。だからお互いを理解し合うには、まず自分から相手を理解する姿勢を示し「安心感」を与えることが必要だ。

2010年、フランスのビジネススクール「インシアード」が10分間だけ自由に会話をしてもらう実験を行った。ただし、このとき、半数のグループに、「相手の言葉の最後をくり返し、あいづちを打つ」ように指示した。すると、言葉をくり返し、あいづちを打ったグループは、もう一方のグループに比べて「親密さが増した」と答えた人が多いという結果が出た。

**結果　自分の意見を受け入れてくれた人に心を開く**

安心感を与える実践トレーニング 4

## 今日から1週間、他人の悪口を一切言わない

「今日から1週間、他人の悪口を一切言わない、批判しない」というゲームをはじめてみよう。手帳に成果を記録したり、達成したときのご褒美を決めておいたりするのもオススメ。あくまでゲーム感覚で取り組むのがポイントだ。

### 「悪口を言わないこと」を意識して習慣づける

相手が「自分の悪口を言っているかもしれない」と思うと心を開かないことが心理学的に判明している。とはいえ、人はつい悪口や噂話をしてしまいがちだ。そこで、「なぜ自分は悪口を言わないのか」と、理由をつくっておく。「部下の信頼をそこなうから」「夫婦の仲をよくしたいから」など、自分なりの答えを持って実践してみよう。

【他人をよくほめる人】

アメリカ・オハイオ州立大学の実験で、「ポジティブ・ゴシッピング（前向きな噂話）」をする人ほど、相手から親近感を持たれることがわかった。

相手から**親近感**を持たれる

結果 「悪口を言わない人」と評価されれば、相手の心を動かせる

さらにチャレンジ

# 【心を動かす】タイプ別実践法

## Type 1　上司に「安心感」を与えるには？ ▶ 上司の不安を解消する

上司に「安心感」を与えるには、上司の恐れていること、不安に思っていることをしないようにする。上司の心を想像し、どうすれば「安心感」を覚えるかを考えよう。

NG!

### 上司が恐れていることをする

- 部下が反抗する

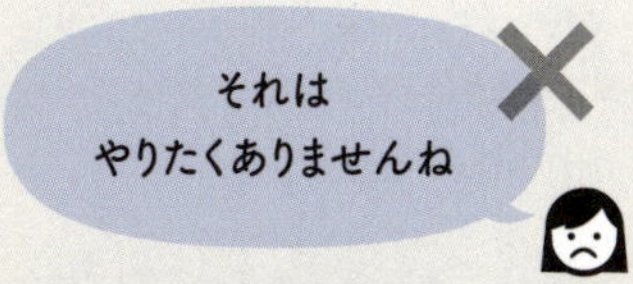
それは
やりたくありませんね

- 部下が他の上司を評価する

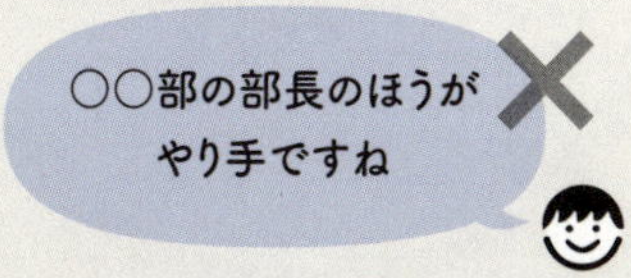
○○部の部長のほうが
やり手ですね

OK!

### 上司の気持ちをくむ

- 上司の立場を考える

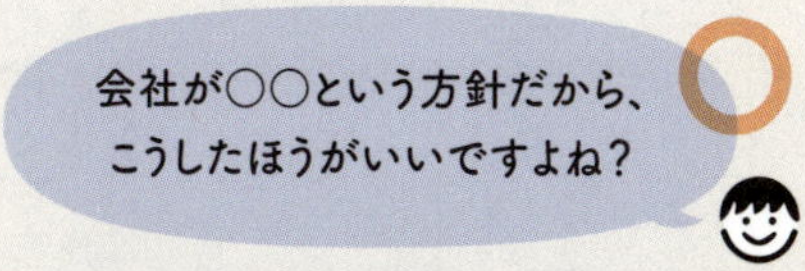
会社が○○という方針だから、
こうしたほうがいいですよね？

- 上司が知りたい情報を与える

新入社員の間で○○への不満が
たまっているようです

## Type 2　夫・妻に「安心感」を与えるには？ ▶ ポジティブな言葉を多めに言う

夫婦の間で「安心感」を与えるには、無関心をやめるのが有効だ。とくに右のような簡単なルールが夫婦間ではおろそかになりがち。だからこそ効果も高い。

なるほど

Check!

### パートナーを気にかける

- ☑ あたりまえのことほど積極的に言葉にする
- ☑ 話しかけられたら、やっていることをいったんやめて話を聞く
- ☑ ネガティブな言葉を1回言ったらポジティブな言葉を5回言う

新しいお皿、
買ったんだね

Case 2

# 相手の自己重要感を高める

## 相手の存在価値を高める

人は「自分は価値のある存在でありたい」と思っている。
「価値がない」と相手に実感させる言葉はご法度だ。
下のようにNGワードを決め、ルール化しておこう。

### NGワードを決めておく

傷ついた言葉をNGワードとして設定する

自分の心が傷ついた場面を思い出す

**NGワード**

- それは違う
- 全然ダメ
- 何言ってんの？
- でも〜
- ありえない

自己重要感を高める実践トレーニング 1

## 今日、出会った人のフルネームを書き出す

まず、今日1日で出会った人の名前（フルネーム）を書き出してみる。次に、日常で「相手の名前を呼べるはずなのに省略してしまっている場面」も書き出してみる。そして、今後は、それらの場面で意識して相手の名前を呼ぶように心がけよう。

## ふだんからさりげなく相手の存在価値を示す

人は名前を呼ばれると、「その他大勢ではない自分」と認識し「自分は重要な存在だ」と思う。だから、相手の名前を呼ぶだけで、あなたの信頼度は大きく上がる。また、下の例のように、日常生活でちょっとした働きかけをすることも相手の「自己重要感」を満たす方法として有効。だれもがやることではないからこそ効果は絶大だ。

変化に気づく

新しい
ネクタイ
ですね

新しい持ち物など、相手が喜びそうな変化を気にかける。

「おめでとう」を言う

おめでとう!
ちょっとしたお祝いごとにプレゼントを贈るのもオススメ。

会話中などに知った誕生日を覚えておき、さりげなく伝える。

相手を名前で呼ぶ

○○さん
いい気分

某エステサロンでは、客の名前をくり返し呼び、信頼感を得る。

結果　**相手に「自分は特別な存在なんだ」と思ってもらえる**

自己重要感を高める実践トレーニング②

# 指示・命令する代わりにアドバイスを求めてみる

後輩や同僚、夫・妻、子どもなどに対して、指示・命令をする代わりに、アドバイスを求めてみよう。期待した答えが返ってこない場合は、「それもいいけど、ほかにある？」などと質問をしたりヒントを出したりしてみること。

## アドバイスを求めて自分で決めてもらう

人は、他人から言われたことよりも、「自分でこうするべき」と考えたことのほうを優先して行動する。そこで、「○○しなさい」と命令形で言うのではなく、「この場合、どうすればいい？　教えてもらえる？」と相手に疑問形でアドバイスを求めてみる。すると相手は「自分は頼りにされている」と考え、「自己重要感」が満たされる。

アメリカ・イリノイ大学の実験で、命令形より疑問形で依頼されたほうがパフォーマンスが上昇することがわかった。

**結果**　**他人に頼られると「自己重要感」がアップする**

自己重要感を高める実践トレーニング 3

# 感情豊かに反応してみる

ビジネスやプライベートな場面で出会うあらゆる人に対して「感情豊かな反応」を心がけてみよう。「感情豊かな反応」をするのが苦手な人は、下記の3ステップで少しずつ実践していこう。

## 人望がある人は感情豊かな反応をしている

人望がある人、慕われる人が、どんな話し方をするか考えてほしい。感情表現がとても上手なはずだ。そういったふるまいは「自己重要感」を満たすのに絶大な効果がある。

感情を込めた表現ができる人になれば、あなたを喜ばせようとする人が増えていく。まわりに対する影響力や「人の心を動かす力」が高まっていくのだ。

### 【感情豊かに反応するための3ステップ】

**Step 1 うなずく**

まずは、話を聞きながらうなずくことからはじめる。無理に声を出す必要はない。

**Step 2 あいづち**

慣れてきたら「そうなんですね」「すごいですね」などのあいづちを打つようにしていく。

**Step 3 感情表現**

さらに慣れてきたら、大げさなくらい感情を表現しながら反応をしてみる。

**結果　感情豊かに反応すれば相手の「自己重要感」が高まる**

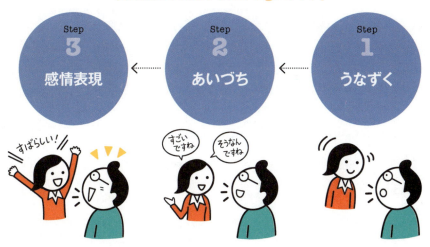

自己重要感を高める実践トレーニング 4

# 聞き上手になれる質問をしてみる

今日1回でもいいので「チャンク・ダウン」(下記参照) させる質問をしてみよう。次の日は1回「チャンク・アップ」させる質問、さらに次の日は1回「チャンク・スライド」させる質問をしてみる。この3つを実践してコツをつかもう。

## 「チャンク（塊）サイズ」を考えて質問する

「人の心を動かす」ことのできる人は、聞き上手でもある。人は話を聞いてもらうだけで「自己重要感」が満たされるからだ。聞き上手とは、「相手に話をさせる」のがうまいということ。どうすれば、相手に気持ちよく話してもらえるかは、質問によって決まる。下記のように質問していくと、相手が積極的に話をしてくれる。

1 チャンク・ダウン
話題の塊を小さくする

2 チャンク・アップ
話題の塊を大きくする

3 チャンク・スライド
塊のサイズを変えずに話題を移す

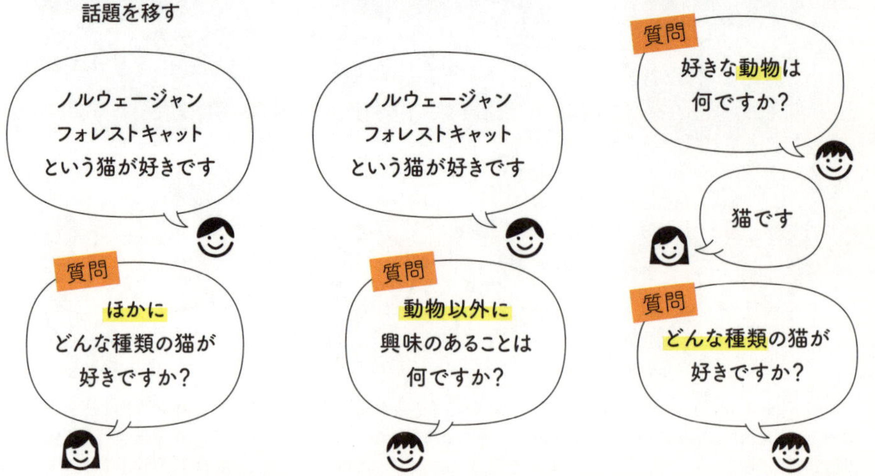
質問
好きな動物は何ですか？
猫です
質問
どんな種類の猫が好きですか？
ノルウェージャンフォレストキャットという猫が好きです
質問
動物以外に興味のあることは何ですか？
ノルウェージャンフォレストキャットという猫が好きです
質問
ほかにどんな種類の猫が好きですか？

結果 **話を聞いてもらうと「自己重要感」が満たされる**

さらにチャレンジ

# 【心を動かす】タイプ別実践法

## Type 1 上司の「自己重要感」を高めるには? ▶ 上司の上司にほめられる状況をつくる

あなたの上司はあなた以上に「自己重要感」を欲している。しかし、部下であるあなたが上司に直接働きかけても、「自己重要感」を満たすのはむずかしい。それよりも、右のような方法で、上司自身の上司に評価される状況をつくる。当然、あなたに対する上司の信頼もあがり、人間関係もよりスムーズになるはずだ。

**Check!**

### 上司に花を持たせる

- ☑ 大きな商談で最後の契約を上司にまかせる
- ☑ 部内で重要なアドバイスを上司からしてもらう
- ☑ 部の功績を上司から会社へ報告してもらう

## Type 2 夫・妻の「自己重要感」を高めるには? ▶ とにかく「ありがとう」を言う

夫婦間で「自己重要感」を高めるのはむずかしいようだが、シンプルな方法がある。それは「ありがとう」を言葉に出して言うことだ(これは「安心感」を与える効果もある)。「夫婦なのだから、言わなくてもわかっているはず」という思い込みは捨てる。「ありがとう」の数だけ、相手の「安心感」や「自己重要感」が高まることを肝に銘じよう。

**Check!**

### 日常生活で「ありがとう」を言う場面を探す

- ☑ 食事のしたくをしてくれたとき
- ☑ 部屋がキレイになっていたとき
- ☑ 知らないことを聞いたとき

ありがとう、
いただきます

掃除してくれて、
ありがとう

面白いこと
教えてくれて、
ありがとう

Case 3

## 相手が「気づく」状況を演出する

相手が自分で考え、行動するようになるにはどうするか？
まず相手の「安心感」「自己重要感」を満たすこと。
そのうえで相手が「気づく」状況を演出していこう。

### 「よし　やろう!」と思うのはどっち？

**A**

自分が
考えた方法を
相手から
「それでやって」
と言われる

安心感　○
自己重要感　○

**B**

他人が
考えた方法で
「これをやって」
と言われる

安心感　△
自己重要感　×

正解

# 相手に**気づかせる**

気づかせる実践トレーニング 1

## 今日1日、いろいろなヒントを与える

今日1日、すぐに答えを教えず「答えを導くためのヒント」を与えて相手に気づかせてみる。相手がまちがっても否定せず、「このファイル形式、Wordでよかったんだっけ？」などと疑問形で指摘して、相手の「安心感」「自己重要感」を尊重しよう。

### 4つのルールで相手の行動をうながす

相手に気づかせるために大切なのは、まず相手を否定しないこと。これで相手に「安心感」を与える。そして、相手が自分で間違いに気づいたら、できている部分に着目して「よくわかったね！」「ありがとう！」とほめたりお礼を言ったりする。それだけで「自己重要感」が高まる。相手が気づいたときのあなたの反応も大切なのだ。

**OK**

- Rule 1 否定しない
- Rule 2 答えを言わない
- Rule 3 指示しない
- Rule 4 正さない

相手の「安心感」「自己重要感」を高めるには、いったん自分の感情を犠牲にして、上の対応ルールを徹底する。

やらないようにしよう

**NG**

- Rule 1 否定する
- Rule 2 答えを言う
- Rule 3 指示を出す
- Rule 4 正す

相手の行動に対して、上のような対応をすると、自分自身の「安心感」「自己重要感」は高まるが、相手は低下する。

結果 **否定しなければ、相手が自分から行動するようになる**

気づかせる実践トレーニング ②

# 「なぜそれをやっているの？」と問いかけてみる

いまやっていることがつらそうだったり、つまらなそうだったりする人がいたら、「いまどこを目指しているの？」と質問してみよう。同時に「なぜそこを目指しているの？」と問いかけて、「目的地」と「やる理由」を明確にしてあげよう。

## 相手の「目的地」と「やる理由」をはっきりさせる

「やりたいことをやっているはずなのに、楽しくない」と悩む人がいるとする。その原因はシンプルで、「自分がどこを目指しているのかを忘れてしまっている」から。また、「目的地」だけでなく「やる理由」も人が行動するためには重要な要素だ。悩んでいる人に質問し「目的地」と「理由」に目を向けさせれば、相手は再び行動できるようになる。

スタンフォード大学の研究で、人は自分の行動と価値観が結びついているとき、精神状態がよくなることがわかった。行動できないのは、行き先はわかっているが、燃料が切れている状態。「理由」という燃料を補給してあげよう。

結果 「やる理由」がわかれば、相手は行動を起こしてくれる

さらにチャレンジ

# 【心を動かす】タイプ別実践法

## Type 1　上司に気づかせるには？ ▶ 「判断してほしい」と頼む

上司に気づいてもらうために、部下であるあなたはどうすればいいか。A案・B案のように選択肢を用意し「判断してほしい」と頼む。上司の判断が自分の望むものではない場合は、判断の内容ではなく別の原因で賛成できないことを告げる。こうすることで「安心感」「自己重要感」をそこなわず、上司の心を動かすことができるのだ。

**Check!**

### 上司への上手な頼み方

☑ 選択肢を提示する

A 案とB 案で
決めかねています。
判断していただけますか？

☑ 上司の提案がよくない場合は内容以外の原因をあげる

内容には賛成ですが、
先方の事情を考えると、
このタイミングでは
むずかしいような気がします

## Type 2　夫・妻に気づかせるには？ ▶ 「ちょっと教えて」と頼む

夫婦間で使えるマジックワード「ちょっと教えてほしい」や「どうしたらいい？」を活用しよう。このように「あなたを信頼して質問していますよ」というメッセージを送ることで、相手の「自己重要感」が満たされる。あなたに対する信頼も高まり、あなたを喜ばせようと進んで行動するようにもなるはずだ。

**Check!**

### 夫婦間で使えるマジックワード

ちょっと教えて
ほしいんだけど……

どうしたら
いいと思う？

私じゃ
わからないので……

人の心を動かす究極の**極意**

# 相手をほめる

## ほめて自分の話を受け入れてもらう土台をつくる

**あなたの言うことを相手に聞いてもらう究極の方法とは?**
**それは相手をあらゆる場面で徹底的に「ほめる」こと。**
**すると、あなたのお願いやアドバイスを相手が受け入れやすくなり、**
**あなたの望む行動してくれるようになるはずだ。**

POINT 1

### くり返しほめる

相手の脳に「ほめられた」という強い感情の記憶が残ると、その行動をくり返そうとする。何回も「ほめる」ことは効果絶大だ。

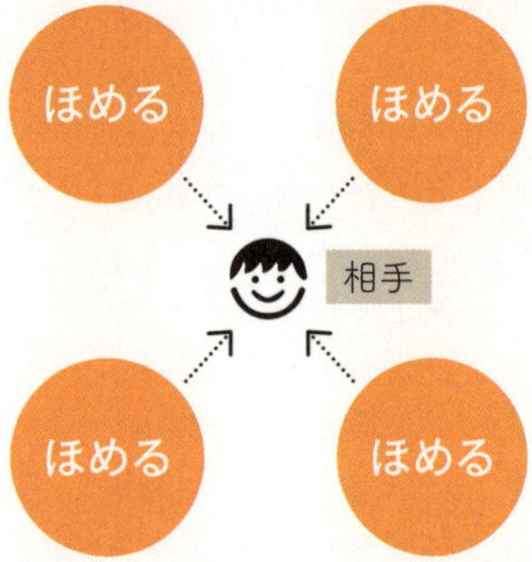


ほめられたことが記憶に定着

**行動につながる**

POINT 2

### 人格・存在をほめる

相手の「行動」よりも、「人格・存在」をほめるほうが、より大きな影響を与えられる。決断力や勇気、センスなど、相手の内面にも着目してみよう。

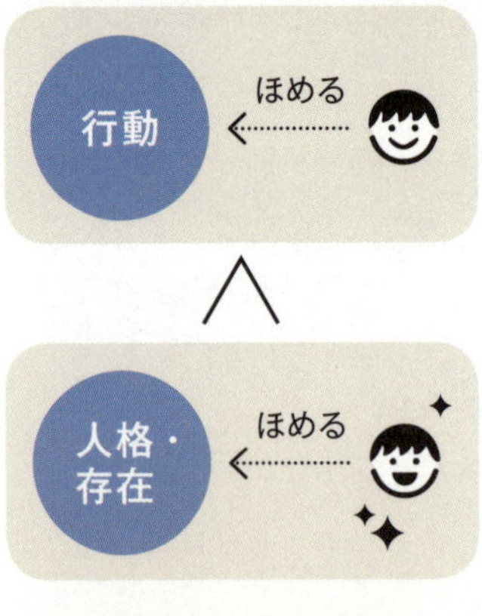


**自己判断で行動してくれる**

PART 1

# 相手の心をつかむ! 行動で距離を縮めるコツ

動作やしぐさで相手に好印象を与える方法を学んでから、
相手の体のパーツにひそむ本音を読みとるコツを解説。
最後に、親しくなりたい人と距離を縮める方法を紹介する。

このパートでこれがわかる!

- 情報を伝えるときは速く、気持ちを伝えるときは遅く話す
- 上司と話すときはナナメに立って緊張をやわらげる
- 会話に集中できるのは120～360cmの距離!
- 自分の唇にふれる回数が多い人は「甘えん坊」

# “しぐさ”は言葉以上に人の印象を左右する!

行動やしぐさによるコミュニケーションは、「言葉」によるコミュニケーション以上に人間関係に大きな影響を与える。相手の視覚と聴覚を意識しよう。

## 相手の視覚・聴覚を意識してふるまえば、うまくいく

言葉によるコミュニケーションを「バーバル・コミュニケーション」と呼ぶ。一般的に「会話＝コミュニケーション」と考えがちだが、言葉を使わないコミュニケーションも存在する。こちらは、「ノンバーバル・コミュニケーション」と言う。顔の表情や声の大きさ、視線、身ぶり・手ぶり、しぐさなどによるコミュニケーションを指す言葉だ。

　たとえば、ふだんの生活で、下を向いたまま肩を落とし、小さい声で「すごく元気です」と語る人がいれば、ほとんどの人が違和感を覚える。これは言葉では「元気」と言いつつ、態度やしぐさで「元気がない」と表現しているからだ。周囲にいる人は、自分で考えるよりも、**ノンバーバル・コミュニケーションを重視している**ことを覚えておこう。

　ノンバーバルを使ってコミュニケーションをとるときは、**視覚による効果と聴覚による効果を意識しよう**。見た目だけではなく、声の高さ、大きさ、スピードをうまく調整できるようになれば、コミュニケーションの達人になれる。

　また、言葉にしぐさをプラスするコツをつかむため、相手の視線を意識することも大切だ。相手がどう感じるかを考えて行動できる人になろう。

# 相手の視覚と聴覚に訴えるコツ

「ノンバーバル・コミュニケーション」では、相手の視覚や聴覚に訴えることが大切だ。自分の姿がどう見えているか、自分の声がどう聞こえているかを意識しよう。

**視線**

相手はこちらの視線を観察している。見つめるタイミングや長さを工夫してみよう。

**声の大きさ（大きい／小さい）**

自分の意見を主張するときは、相手よりも大きい声で。話を聞くときは、相手より小さい声で話す。

**表情**

にこやかな笑顔が基本。とくにビジネスの現場ではネガティブな表情をしないように注意すること。

**身ぶり・手ぶり**

相手はジェスチャーを観察している。相手の身ぶり・手ぶりの大きさに合わせよう。

**声の高さ（高い／低い）**

注意をうながしたいときは、いつもより少し高い声で。大切なことを話すときは少し低い声を出す。

**声のスピード（速い／遅い）**

情報を伝えたいときはいつもより速く話し、気持ちを伝えたいときはいつもより遅めに話す。

**姿勢**

背筋をまっすぐ伸ばして応対する。姿勢が悪い人は、鏡の前で背筋を伸ばす練習を。

 イラスト：nag

# “身ぶり・手ぶり”のジェスチャーを効果的に使おう！

会話に立ち位置や身ぶり・手ぶりをプラスして、円滑なコミュニケーションをはかるコツを覚えよう。ここでは、相手の視点に合わせ、よい関係をきずくためのポイントを紹介。

## 立ち位置と身ぶり・手ぶりに気をくばる

相手の視覚と聴覚に訴えるノンバーバル・コミュニケーションのコツを覚えたら、自分のポジション（立ち位置）を意識することも覚えたい。

**正面に立つ、ナナメに立つ、横に立つ、という3つのポジション**によって、相手に与える心理的な影響は変化する。情報を正確に伝えたいときは正面に、相手に威圧されそうなときはナナメに、内密な話をするときは横に……と、相手や場の状況によってポジションを使い分ければ、相手を刺激せず、スムーズにコミュニケーションを楽しめるようになる。

また、円滑なコミュニケーションを心がけるときは、自分の身ぶり・手ぶり（ジェスチャー）にも気をくばることが求められる。あいさつや声がけをするときに、**少しだけアクションをプラスすれば、こちらの親愛の情が伝わりやすくなる。**親しい間柄なら、肩をたたく、手をふる……などのなにげない動作で、親密度を再確認することもできる。

人づきあいは、互いに心を開くことからはじまる。ささいなことが、お互いの距離を近づけるきっかけになることも少なくないので、ポジションや身ぶり・手ぶりにも配慮し、人づきあいの輪を広げるように努力してみよう。

## 相手と自分のポジションを意識する

相手と自分の立ち位置にも気をくばろう。状況によって相手の正面、ナナメの位置、横の位置の3つを使い分けることで、人間関係がスムーズになる。

case 1

### 横に立つ

親しい人と内密な話をするときや打ち明け話をするときは横に立つ。リラックスして雑談を楽しむときも、この位置が向いている。

case 2

### ナナメに立つ

上司や目上の人など、正面に立つと威圧されそうな相手には、少しナナメの位置に立つ。お互いの緊張感をやわらげる効果もある。

case 3

### 正面に立つ

情報を正確に伝えたいときは、相手の正面に立ち、目を見つめて話す。ただし、長時間見つめると、相手に威圧感を与えるので注意しよう。

## 身ぶり・手ぶりで親愛の情を伝える

同性の友人や親しい人には、身ぶり・手ぶりを上手に使って、親しみの気持ちを伝えよう。ただし、ビジネスシーンでは自制が必要。特定の人にだけ親密な態度で接すると、「排他的」と受け取られることもあるので注意したい。

case 1

### 手をふる

別れぎわにあいさつするとき、軽く片手を上げるだけでOK。片手を少し前に出して、軽く左右にふるという方法もある。

case 2

### 肩をたたく

同性の友人や目下の人にあいさつをするときは、肩を軽くポンとたたいて、親愛の情を表す。

# 相手と自分の“心理的な距離”を理解する

人は、一定の境界線をこえて近づいてくる人に不快感を持つ。この境界線は「パーソナル・スペース」と呼ばれるもの。相手との距離をはかるしくみを理解しよう。

## 心理的な距離を4つのゾーンに分けて考える

人はだれでも心の中で境界線をつくって相手との距離をはかっている。自分のまわりには、**ほかの人が入ってくることをこばむ心理的な空間（パーソナル・スペース）**があり、その範囲は相手によって変化する。見知らぬ人ならこのくらい、親しい人ならこのくらいと、許容できる範囲は相手との親密度によって変わる。

これは動物の縄張り意識（テリトリー）のようなもの。境界線をこえて相手が近づいてくると、不快感を覚えるというわけだ。

人によってこの許容できる範囲に違いはあるが、一般的に、心理的な空間は大きく4つのゾーンに分けられると考えられる。相手との親密度を考え、境界線をこえないように注意しよう。

また、おおらかで物事にこだわらない人は標準よりも相手に近づく傾向があり、神経質でこだわりが強い人は標準よりも相手から遠ざかる傾向があるという。心理的な空間はそれぞれ違うことを理解し、**相手の距離感に合わせて話す配慮**も必要だ。

さらに、この縄張り意識は性別による違いもあると考えられている。動物の世界では、メスよりもオスのほうが縄張り意識が強い。人の場合も、男性のほうが縄張り意識が強いと考えられている。

# 相手との親密度によって パーソナルスペースの距離が変わる

アメリカの文化人類学者エドワード・ホールは、人と人の距離を大まかに4つに分類している。人と人の適正な距離は、親密度と場の状況によって変化すると言われている。

## 密接距離

**0～45cm**

お互いに手をのばせば届く距離。恋人、夫婦、親子などの親密な関係でなければ互いにストレスを感じてしまう。

## 個体距離

**45～120cm**

互いに一歩踏み出したような状態。ひそひそ話をする距離なので、ビジネスでは、「少し近い」と感じる人もいる。

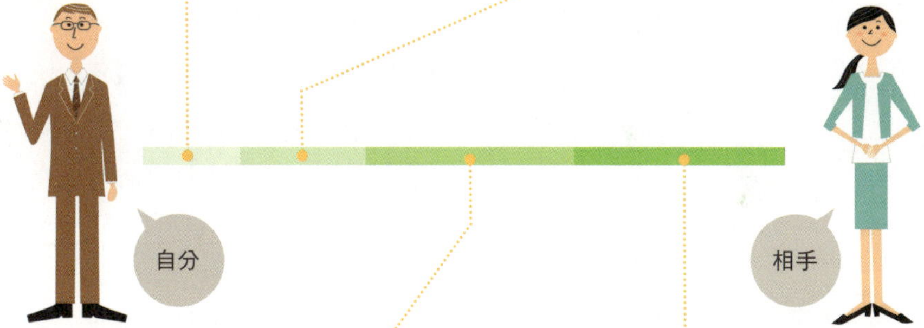


## 社会距離

**120～360cm**

会議や打ち合わせで意見を交換する際に適正な距離。この範囲であれば、お互いに安心して会話に集中できる。

## 公衆距離

**360cm～**

プレゼンや講演会、セミナーなどにおける話し手と聞き手の適正な距離。相手の表情の変化などは読みとりにくくなる。

Check!

# 体のパーツ・動作から 相手の本音を読みとく!

相手の心理は目や手、足などの体のパーツに表れる。
コミュニケーションをとるときに、相手の体のパーツに注目してみよう。
ちょっとした動きや力の入り方から気持ちを察知することができるようになれば、
相手の心の状態に合わせてアプローチできるようになる。

## 目 Eye → 視線で心を読む

### 1 左上を見る人には図で、右上を見る人には数字で説明する

考えごとをしているときの視線で、脳のタイプがわかる。右脳タイプには図や写真で、左脳タイプには文章や数字で説明するとスムーズに理解してもらえる。相手が考えごとをしているときの視線に注目しよう。

**左上を見る人**
▼
**右脳タイプ**
ビジュアルを見ることに適している人。全体を総合的に判断するタイプ。

**右上を見る人**
▼
**左脳タイプ**
論理的な思考や判断に適している人。細かい分析を得意とするタイプ。

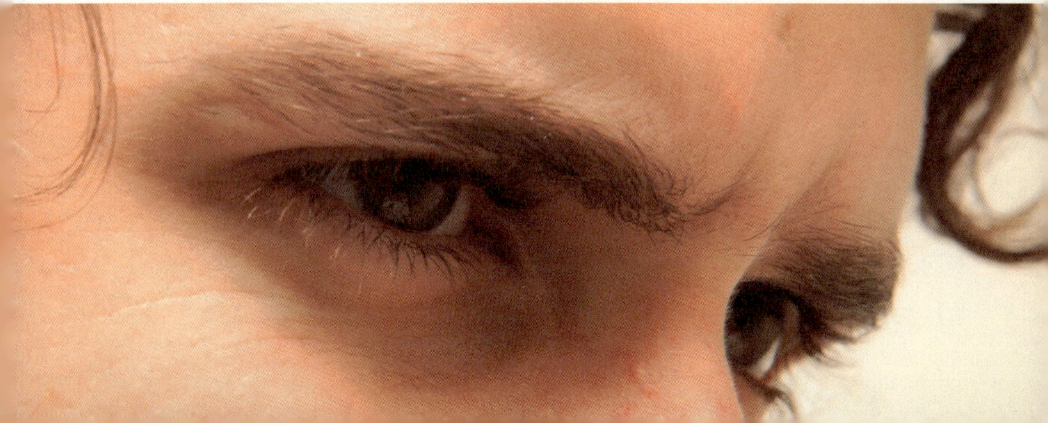

## 2 相手の視線のそらし方で相手の気持ちがわかる

視線を合わせようとしない人は、心を開いていないことが多いとされている。相手が目をそらしたら、下の3つのパターンに当てはめて、理由を考えてみよう。

pattern
1

視線を
下にそらす

テーブルや床に視線を落としたまま話をする人は、気が弱く、相手を怖がっていることが多いとされる。

pattern
2

キョロキョロ
する

相手に対して不安感があり、落ち着けないと予測できる。一方、考えをまとめている場合もある。

pattern
3

目を
閉じる

相手を恐れ、服従の気持ちがあると、頻繁に目を閉じる。ものごとを深く考えている場合もある。

## 3 まばたきの回数で相手の緊張度を読む

緊張は、まばたきの回数に表れる。会話の途中でまばたきが増えたときは、話の内容がその人にとって緊張をしいられるものだということ。上手に話題を変えてリラックスさせよう。

パチパチ
緊張すると
まばたきの回数が
多くなる

# 手 Hand →動きや力の入れ方を見る

## 1 手の開き方を見て会話のアプローチを変えよう

テーブル越しに会話をしているとき、机の上にのった手の動きを見れば、相手の考えがわかる。手の開き方や力の入れ具合を観察して、相手の気持ちを読み取れるようになろう。

### 指を広げている

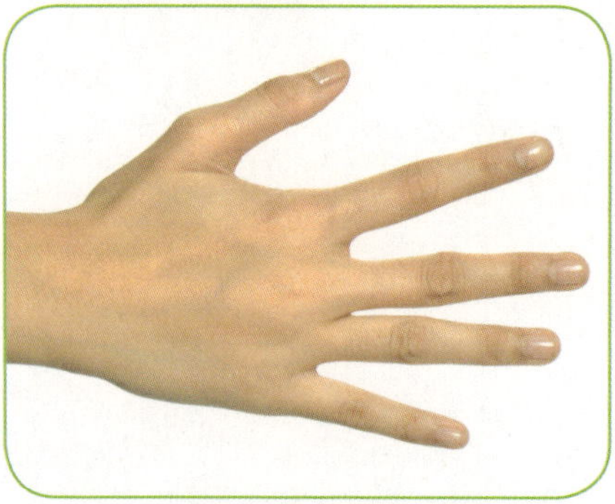

リラックスしていると、手が自然に開かれた状態に。手が重なっていても同じ。話の内容を好意的に受け取っている。

### 軽く握っている

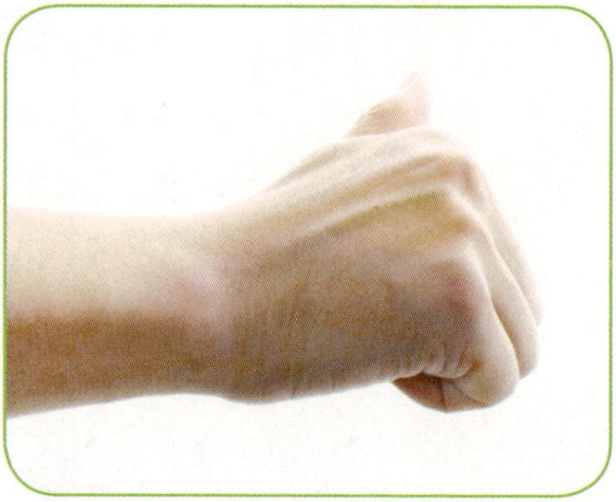

相手への不信感がめばえると、手を軽く握る傾向がある。力が入っていなければ、まだリカバーの可能性はある。

### 固く握っている

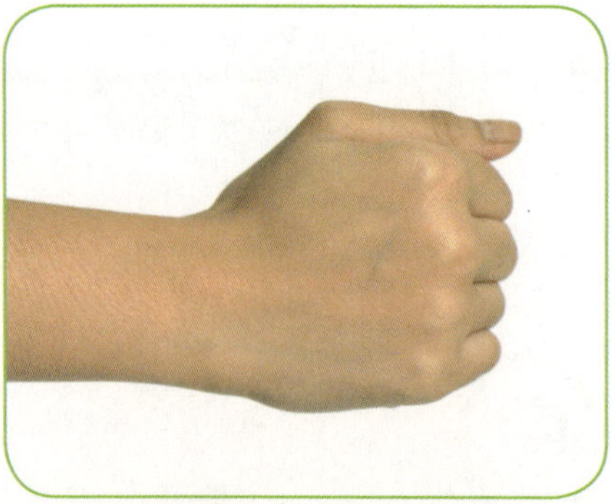

力を入れて手を握るのは、強い拒絶のサイン。これ以上話を聞きたくないと考えている可能性もあるので、それ以上追いつめないように。

### 指で机をたたいている

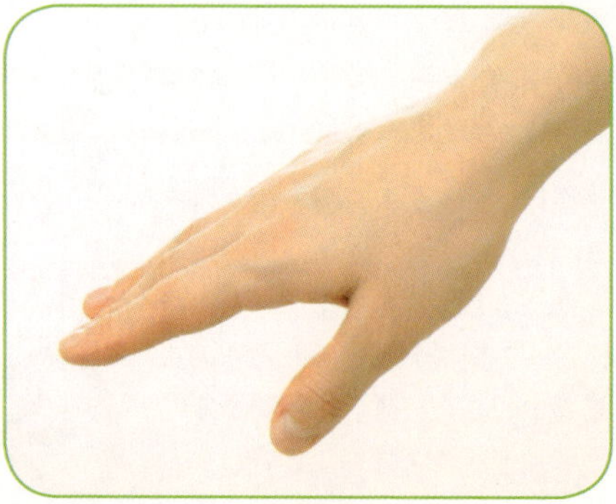

いらだちやあせりがある人は、机やペン、メモ帳などをトントンとたたく。「気分転換を求めている」と考えよう。

## 2 相手を指で指す人は「威嚇しているだけ」と考えよう

ペンや指で人を指すしぐさには、「威嚇」の意味がふくまれる。これは自分に自信がない人が、少しでも優位に立つためのふるまいだ。余裕を持って、受け流すようにしたい。

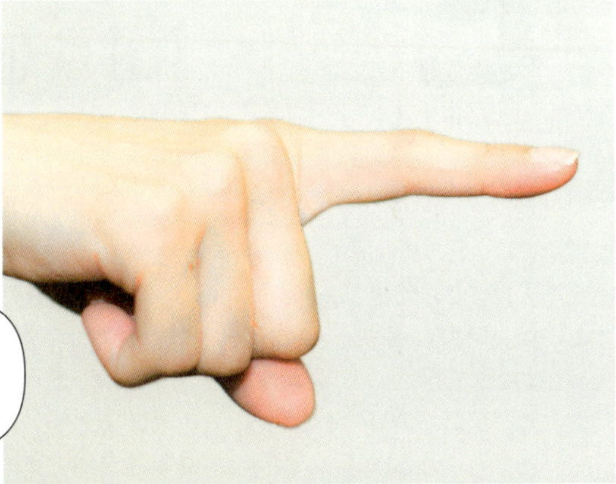

## 3 唇にふれる回数が多い人は「甘えん坊」の傾向あり

唇に触るのは、赤ちゃんの指しゃぶりの延長と言われている。このしぐさが出る人は、甘えん坊で、日常生活で何かにすがりたいと考えていると予測できる。

**One Point!**

### 相手を受け入れる「サイン」を覚えておこう！

会話中に相手と自分の間にあるもの（机上の書類や道具など）をかたづけるしぐさは、「相手を受け入れる」というサイン。相手の話に同調を示したいときは、意識的にやってみよう。また、相手にしぐさで好意を伝えるときは、前傾した姿勢のまま、相手の話にうなずくようにする。これを見た相手は「自分の話に興味がある」と感じてくれるはずだ。

# 足 Leg → 組み方や向きを観察する

## 1 無意識に組んだ足にほんとうの性格が表れる

心理学では、足の組み方で、その人の性格がわかると考えられている。まず、足首付近でクロスさせる人は、少し幼稚な人。精神的に自立していないので、力のある人に服従しがちだ。次に、すねの中央で重ねるのは、人の面倒を見たがるタイプ。また、すねをハの字にしている内股の人は、達成欲求が強い人。このすわり方をするのは、上昇志向の強い人に多く見られる。また、片方の膝に足首をのせているのは、自己顕示欲の強い人。強引な性格の人が多い。

**片方の膝に足首をのせる**

自己顕示欲が強く、自分の意見を人に押しつける強引さを持っている人が多いとされる。

**すねの中央で重ねている**

他人に教えたり、世話を焼いたりすることに喜びを感じるタイプで、面倒見のよい人。

**すねがハの字になっている**

人生や仕事への意識が高く、上昇志向や出世意欲が強い人。

**足首付近で重ねている**

幼稚でロマンチスト。押しの強い人や声の大きい人に対して服従する傾向がある。

## 2 つま先が向いていないときは「興味がないシグナル」

人は無意識のうちに、関心が高いほうにつま先を向ける。そのため、顔は話し手を見ているのに、つま先が別の方向を向いているときは要注意。話は聞いているけれど無関心、あるいは意見に賛成していないと考えられる。ほんとうに興味がある場合は、すわり直して、体全体を向けて意見を聞こうとするはずだ。

## 3 「貧乏ゆすり＝ストレスのサイン」なので、話題を変える

貧乏ゆすりは無意識な場合がほとんど。諸説あるが、小きざみな振動を脳に与えることで、ストレスや緊張をやわらげる効果があると考えられている。相手が貧乏ゆすりをはじめたときは、立ち入ってほしくないことが話題になっているのかもしれない。

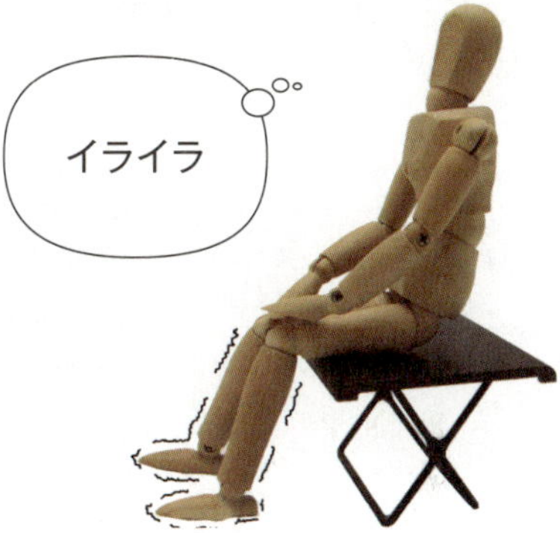


**One Point!**

### 椅子に浅くすわる人は緊張しすぎなので、雑談で気持ちをほぐす

緊張している人や、自分の立場が弱いと感じている人は、両足をきっちりそろえて椅子に浅く腰かける。打ち合わせの席で浅く腰かける人がいたら、世間話をしたり、お茶をすすめたりして、リラックスさせよう。相手が椅子に深くすわり直してから、本題に入る。

# 動作 Action ⋯⋯> ジェスチャーに気持ちが表れる

## 1 笑いのパターンで性格の傾向が読める

笑い方にはその人の性格が表れると考えられている。豪快に笑う人、開放的に笑う人、含み笑いをする人など、人の笑い方にはさまざまなクセがある。「この笑い方はこの性格」と決めつけることはできないが、ある程度の傾向は表れる。

### Type 1 フフンと鼻で笑う人

相手のことをバカにしているプライドの高い人。「自分は人とは違う」と考えている。しかし、単に「くすっ」と笑いをもらしただけという場合もあるので、決めつけるのは危険。

### Type 2 アハハと開放的に笑う人

心を開いている証拠。喜怒哀楽が激しい人が多く、感情のコントロールが苦手な人も。また、開放的でよく笑う人は、周囲の人と仲よくしたいという気持ちが強いと考えられている。

### Type 3 つくり笑いをする人

ほんとうに笑うときはまず口元が動き、そのあと目が笑う。目と口が同時に動いたときや、目が笑っていない人には要注意。わざと笑って、だれかに取り入ろうとしているのかもしれない。

### Type 4 フフフと含み笑いをする人

周囲の状況を冷静に観察できる人。感情を抑えることが得意なので、周囲に理知的な印象を与えている。反面、正面から自己主張をすることが苦手だという一面もある。

## 2 頻繁にうなずく人は相手の話を聞いていない

うなずきは「話を聞いている」ことを示すサインだが、これを逆手にとって、ポーズとしてうなずくだけの人もいる。相手がどこでうなずくかをじっくり観察してみよう。明らかに聞いていない場合は、「忙しそうだから、また相談します」と言って別の機会をつくろう。

## 3 水をよく飲む人は「居心地が悪い」と思っている

人は極度の緊張や不安にさらされたときに、のどが渇く。暑くもないのに相手が水を頻繁に飲むときは、うしろめたいことがある、または、居心地が悪いと思っていると推測できる。

## 4 自分にきびしい人は舌打ちを連発する場合がある

机で仕事をしている人が急に舌打ちをしたときは、たいてい、自分に対して納得できないことがある場合。イライラした態度は周囲の人を不快にするので、癖になる前に注意してあげよう。

## 5 スーツの上着を脱ぐのは心を開いている証拠

ビジネスパーソンにとって、スーツは戦闘服のようなもの。それを脱ぐことは、相手に対して敵意がないことを表している。上着を脱いだり、ボタンを1つはずしたりする人は、心を開いている可能性がある。

# 仲よくなりたい人と簡単に距離を縮める 7つの方法

人間関係に役立つ!

ビジネスシーンで相手との距離を縮めたいときは、
積極的なアプローチが求められる。礼儀や言葉づかいに注意しつつ、
自然なふるまいで信頼関係をきずけるようになろう。

## Approach 1 「自然な笑顔」で相手のふところに飛び込む

話し手が笑顔をたやさなければ、なごやかな空気が周囲に伝わる。「話すときは笑顔で」が基本だが、ずっと笑顔をキープするのは意外にむずかしいもの。ふだんから、鏡の前で自然な笑顔をつくる練習をしよう。とくに、「表情がとぼしい」と指摘される人は、「あ」と「う」を発声しながら、表情筋（顔の筋肉）を使う練習をしたい。この筋肉をきたえれば、笑顔を長時間キープできるようになる。

[ 表情筋をきたえる方法 ]

**あ**

**「あ」と言いながら筋肉をのばす**

「あ」と言いながら、顔のパーツをすべて外側に寄せるイメージで、顔の筋肉をのばす。

**う**

**「う」と言いながら筋肉を縮める**

「う」と言いながら、顔のパーツをすべて中央に寄せるイメージで、筋肉を思い切り縮める。

交互にくり返す

## Approach 2 「姿勢＋アクション」で相手の心を開く

美しい立ち姿で話すだけで人に信頼される人になる。一方、猫背や体が傾いている人の話は「信頼できない」という気持ちが働いてしまう。頭の上から糸で吊られているイメージで立つようにしたい。適度なジェスチャーをまじえながら話せば、熱意が伝わりやすくなる。内容をアピールしたいときは、身ぶり・手ぶりを使うようにしたい。ただし、オーバーアクションは逆効果。大げさなジェスチャーに違和感を覚える人も多いので、ひかえめにしたほうよい。

### ✕ オーバーアクション

大げさな身ぶり手ぶりは「ふまじめ」「目立ちたがり」など、マイナスのイメージに結びつく可能性がある。

### ○ ひかえめのアクション GOOD!

軽く手を広げたり、指を組んだりする程度ならOK。腕組みはイメージがよくないので、やめよう。

## Approach 3 「適度な音量＆張りのある声」をキープする

小さな声でぼそぼそ話すのはNGだが、大きな声を出せばよいというわけではない。人が聞き取りやすいのは、張りのある適度な音量の声。声に張りがあれば、音量を抑えぎみにしても十分聞き取れる。声の張りに自信がない人は、腹式呼吸で声を出す練習をしよう。

［腹式呼吸の練習法］

**1 息を吸う・息をはく**

お腹をふくらませて息を吸い、お腹をへこませて息をはく。これを交互に行って腹式呼吸に慣れる。

▶

**2 呼吸に声をのせる**

肺に空気をため、息をはきながら（お腹をへこませながら）、ゆっくり「あー」と声を出しつづける。

## Approach 4 タイミングを逃さず、照れずにほめる

ほめ言葉をかけられて嫌がる人はいない。ほめられればうれしく思い、それをきっかけにお互いの距離がぐっと縮まる。一般的に、日本人はほめることに対して消極的。「言わなくてもわかる」という気持ちが働いたり、「ほめるのは照れくさい」と考えたりすることで、せっかくのチャンスを逃してしまう。タイミングを逃さず相手をほめられる人になろう。

例1

### 自分の感想をプラスしてほめる

「○○さんは優しいよね」＋「私も見習いたいです」

「○○さんは前向きだよね」＋「そこがいいところだと思う」

「○○さんは一生懸命だよね」＋「私はすばらしいと思う」

例2

### 気づきにくいところをほめる

相手をほめるときは、だれもが気づくことではなく、気づきにくいポイントを探してほめよう。気づいてくれたことに対して、相手は「自分をよく見てくれている」と感じる。よく見ているのは興味があるから。自分に興味を持ってくれる人には、だれもが親近感をいだくので、自然に距離は縮まる。

## Approach 5 相手の話を真剣に聞いているサインを出す

せっかく真剣に聞いていても、相手にその事実が伝わらなければ意味がない。あいづちを返すのはもちろんのこと、視線、表情、姿勢でもわかりやすくアピールしよう。

**あいづち**
あいづちは、相手のペースに合わせることが大切。かぶせるようにあいづちを打てば、「せかしている」と思われる。逆に早口で話す人に遅れてあいづちを打つと、イライラさせてしまう。

**視線**
基本的に相手ののど元を見ながら聞く。ときどき、相手の目を見たり、口元に視線を移したりすること。相手の目を見つめつづけると「にらんでいる」と受け取られることもあるので注意。

**姿勢**
少し体を相手の方に傾け、椅子にゆったりとすわる。腕組みはしないこと。「拒絶のサイン」と受け取られる可能性がある。下を向いたり、背中を丸めたりするのもNGだ。

## Approach 6 「頼みごと」は相手との距離をつめるきっかけになる

人は「自分の行動」と「自分の考え」が矛盾しないようにバランスをとろうとする。他意がなくても、「頼みごとを引き受ける＝好意がある」と考えるようになる。「理由＝好意」を自分であとづけするため、自然に距離が縮まる場合が多い。

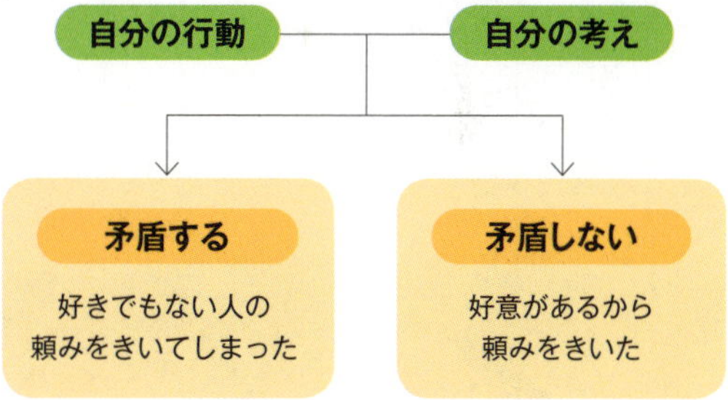


## Approach 7 会う機会を増やして好かれる

アメリカの社会心理学者ロバート・ザイオンスは、人には「会う機会が多ければ多いほど相手に対して好意をいだきやすいという習性がある」と指摘している。つまり、積極的にコンタクトをとれば、相手に好いてもらえる可能性が高まるというわけだ。ただし、相手がすでに悪い印象を持っている場合はNG。この場合は、会えば会うほど嫌われてしまう。

COLUMN

# 自分の性格がわかる「ビッグ・ファイブ理論」とは?

アメリカの心理学者オールポートによる「パーソナリティの特性論」を発展させたのが、「ビッグ・ファイブ理論」だ。学術的な調査では「質問」で分析を進めるが、ここでは自己診断で下の図を完成させてみよう。

**5段階チェック!**
それぞれの要素をどのぐらい持っているかで、人間の性格を表す。どの傾向にも長所・短所がある。

**開放性**
どれだけ心が開かれているかを表す特性。この数値が高い人は「好奇心が強い」とされる。

**協調性**
「優しさ」に近い特性。態度はひかえめで、つい人にゆずってしまう傾向がある。

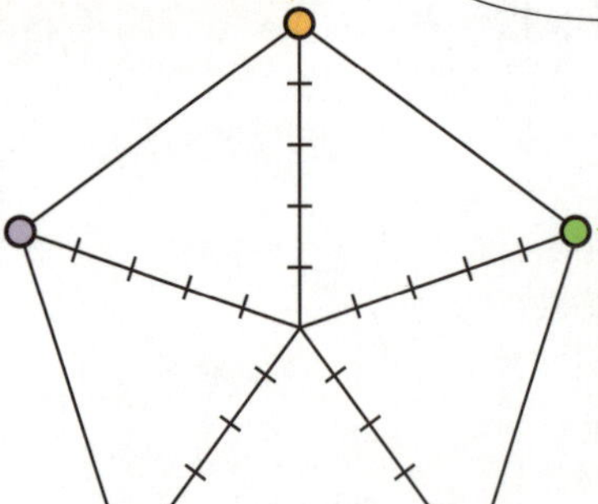

**外向性**
積極的に外の世界へ出る志向性を表す特性。活動的で上昇志向も強い人が多いとされる。

**誠実性**
まじめさを表す特性。意志の強さ、計画性などの点で優れた結果を出せる。

**神経症的傾向**
敏感さ、緊張感の強さを示す特性。ストレスを感じやすく、不安定になりやすい傾向のこと。

# PART 2

# タイプ別 つきあい方と会話のルール

仕事の現場では、怒りっぽい人、ウソをつく人、マイナス思考の人など、ひと癖ある人とうまくつきあうことが求められる。
ここでは、7つのタイプに対処する具体的な方法を紹介する。

このパートでこれがわかる!

- 怒りっぽい人には、時間と距離を置いてから反論
- 悪口を言う人には、ポジティブ表現で言い換える
- ウソをつく人に、自分のダメなところを披露する
- 神経質な人を「ギブ・アンド・テイク」で巻き込む

**怒りっぽい人**

## ストレスをやわらげて怒りを爆発させないようにする

だれでも感情的になってしまうことはあるが、それは当然のこと。その一方で、つねに他人に対して攻撃的な態度をとる人もいる。相手が同僚や後輩であれば、やんわりたしなめることもできるが、上司の場合は、「生意気なやつだ」と思われ、さらに怒りを招いてしまうかもしれない。怒りっぽい人は、つねにストレスをかかえ、心に余裕がない。そこで、日ごろから相手のストレスをやわらげる対応をすることを心がけるようにすれば、怒りが爆発して自分に向くのを未然に防げる。もし、相手の怒りが自分に向かってきても、感情的な言葉を返すのはさけること。関係がますます悪化し、職場の雰囲気も悪くなるだけだ。

また、どうしても納得がいかない場合は、相手の怒りがおさまったあと、冷静に、論理的に反論するようにしたい。

### すぐ怒る人の心理

怒りっぽい人は、ふだんは平静さをよそおっていたり、強がったりしていても、内面には、不安やストレスをかかえている。そのため、他人の言動に不快感を覚えると、それが「刺激」となって、怒りを爆発させてしまう。こういう相手には、日ごろからストレスをやわらげるように接することが大切だ。

自信がない　余裕がない
不安がある　落ち着かない
↓ 刺激
怒り

余裕がないから、ちょっとした刺激で大爆発！

Type 1

# 怒りっぽい人

つきあい方

## 相手のストレスをやわらげる

相手の日ごろの言動から、心にどんな不安や緊張をかかえているのかを探ろう。仕事がうまく進んでいないのか、重要な取引をひかえているのか……。ストレスの原因がわかったら、それをやわらげる言葉をかけてみよう。他人から「気にかけている」という態度を示してもらうことで、不安や緊張は減り、怒りにくくなる。

つきあい方（怒ったあと）

## 時間と距離を置いて待つ

怒りの感情は長くつづかず、せいぜい30秒程度と言われている。もし、だれかが怒りを爆発させたら、いったんその場を離れ、時間を置く努力をしてみよう。相手の怒りは時間とともにおさまる。怒りっぽい相手には、いたずらに怒りを静める努力をするよりも、自然に怒りがおさまるのを待つほうがよい場合がある。

会話のルール

## 怒りがおさまるのを待ち 冷静に反論する

相手が怒りを爆発させてしまったら、時間を置いて冷静に反論するのもひとつの方法だ。ここで注意したいのは、自分はあくまで冷静さをたもつこと。いっしょになって怒りをぶつけてしまえば、反発し合うだけになり、関係はますます悪化してしまう。いったん相手の怒りがおさまってから、「なぜ怒られているかわかりませんでした。理由を教えていただけませんか？」と、冷静に反論してみよう。

相手の怒りがおさまるまで待つ

冷静に反論する

 イラスト：Kip

# 悪口を言う人

## 前向きな言葉をかけ、自信が持てるようなアドバイスをする

気心の知れている同士で仕事や人間関係について語っていると、話の流れで他人の悪口になることはだれにでもある。しかし、度をこして、どんなときにも悪口を言うような人には注意が必要だ。相手に調子を合わせていると、自分も「悪口を言う人」と評価されてしまい、まわりの信用を失ってしまう場合もある。

悪口を言う人は、承認欲求が強い反面、自分に自信がない。他人が自分より劣っていると周囲にふれまわることで、自分を高めようとしているのだ。そんな人には、相手が自信を持てるような前向きな言葉をかけるようにしたい。さらに、スキル・能力を高めるようなアドバイスをすれば、他人ではなく、自分自身に興味の対象が移る。アドバイスを感謝してもらえれば、関係も良好になっていく。

### 悪口を言う人の心理

人はだれでも「他人に自分を評価してもらいたい」と思っている。ふつうの人は、努力したり、成果をあげたりすることで、それを実現する。しかし、悪口を言う人は、他人が「自分より下である」と周囲に認めさせることで、自分の評価を高めようとする。「自分を評価してほしい」と思っているわけなので、その欲求を満たすアドバイスをする。

相手を下げて自分を上げようとする
自分
相手

評価してもらいたいから、周囲の人をおとしめる!

Type 2

# 悪口を言う人

つきあい方

## よいところをほめる

他人の悪口を言うのは、「自分を認めてほしい」と思っていることが原因なので、相手のよいところを見つけ、ほめてあげるようにしたい。「資格試験に挑戦してみたら？」「セミナーに参加しては？」など、その人の長所をのばすような働きかけをすることも大切。他人をおとしめるのではなく、自分自身を高めることに興味が持てれば、悪口を言うこともなくなる。

○○さんの
そういうところが
ステキですね!

会話のルール

## ネガティブ表現をポジティブ表現に言い換える

悪口を言う人は、自分が悪口を言っていることに気づいていないケースが多い。まずはやんわりと相手の言葉をたしなめて、自覚をうながすようにしてみよう。そのうえで「たとえば、こんなふうに言うこともできますよ」と伝え、相手のネガティブな表現をポジティブな表現に言い換えるようにしたい。

表現を変えれば
悪口ではなくなる

| ネガティブ表現 | | ポジティブ表現 |
|---|---|---|
| 気が小さい | ▶ | 謙虚な |
| 強引な | ▶ | リーダーシップがある |
| 行動力がない | ▶ | じっくり考える |
| 仕事が遅い | ▶ | 仕事が丁寧な |
| しつこい | ▶ | 粘り強い |
| 視野が狭い | ▶ | 集中力がある |
| 小心者 | ▶ | 慎重な人 |
| 性格が暗い | ▶ | 落ち着いている |
| 騒々しい | ▶ | 活気がある |
| 態度が横柄な人 | ▶ | 貫禄がある人 |
| 頼りない | ▶ | 優しい |
| 独善的な人 | ▶ | 自分の考えを貫く人 |
| 能力が劣る | ▶ | 可能性を秘めた |
| 無愛想な人 | ▶ | クールな人 |
| 無礼な人 | ▶ | ものおじしない人 |
| 優柔不断 | ▶ | 思慮深い |
| 理屈っぽい | ▶ | 論理的 |

## ウソをつく人

### 相手の考えている「理想」を「現実」に近づける手助けをする

相手のついたウソによってだれかが傷つけられたり、会社に損害が出たりしないかぎりは、真正面から非難できないことも多い。理想とする自分の姿と現実とが異なっていることに悩み、そのギャップをうめるためにウソをつくことが多いからだ。そんな人には、理想と現実を近づけるような対応をすればよい。相手の持っている理想が高すぎることが問題なので、まずは自分からダメなところを話して「人は完璧でなくてもよい」と思えるようにする。

また、ミスや失敗を自分から謝ることで、「お互い様」と思えるような関係をつくることも有効。「だれでも間違う」とわかれば、自身の欠点も素直に認めてくれるようになる。理想と現実のギャップに悩まなくなれば、反対に現実の自分を高めようと、研鑽《けんさん》にはげむようになるかもしれない。

### ウソをつく人の心理

「理想とする自分と、現実の自分が違う」「ほんとうならもっと高く評価されるはず」という思いが強くなると、自分のイメージと他者の評価とのギャップに悩む。そして、それをうめようとして、ウソをついたり、つくり話をしたりする。ウソをたしなめるのではなく、相手の「理想」のイメージを、「現実」に近づけるアシストをしよう。

「理想」と「現実」にギャップがあるから、ミスを認めない！

Type 3

# ウソをつく人

つきあい方

## ミス・失敗を自分から謝る

自分のミス、不手際、無礼なふるまいなど、ささいなことでも必ず相手にわびるようにする。これをくり返すと、「失敗を隠さなくてもいいんだ」と考えてもらえるようになる。「こちらこそ申し訳ありません。じつは私も……」などと、相手がミスを認めるようになれば、ウソで自分をとりつくろう必要がなくなる。

会話のルール

## 自分のダメな部分を相手に積極的に伝える

自分の欠点や失敗を相手に話し、「完璧でなくてよい」ということに気づいてもらおう。「段取りが悪くて、なかなか仕事がかたづかない」「お客様からうまく要望が聞き出せない」など、自分のダメな部分を具体的に伝えることで、相手も自身の欠点を認めることができるようになる。

ここに注意!

### ウソを全否定するのはNG

相手のウソを見破ってやろうとやっきになったり、「それはウソでしょう」などと指摘したりするのは得策ではない。仮にウソだとしても、相手がそれを認めるとはかぎらないし、怒りを爆発させてしまうこともある。ウソをとがめるのではなく、ウソをつく心理を想像して、ソフトに対応しよう。

ウソをつく人に対するNGワード

- それはウソでしょ。
- 証拠を見せてください。
- あのときはそんなこと言ってなかったじゃないですか。
- あなたのことだれも信用しなくなりますよ。

# マイナス思考の人

## 全面的に仕事をまかせて自信を持ってもらう

マイナス思考の人には、もともと仕事の能力の高い人が多い。全体を見渡しながらものごとを考えたり、先の展開を予想しながら仕事を進めたりすることに長けている傾向がある。だからこそ、少しでも不安があると、それを心の中で大きくしてしまう。まわりの人はデメリット面に着目しがちだが、相手のよい部分をいかし、仕事に役立てていくほうが建設的だ。

もともと能力は高いので、いろいろな仕事をまかせてしまおう。このとき、相手の仕事に対する自信が不安感を上回るように「あなたにまかせたい」「あなたならできる」と前向きな言葉をかける。実際に仕事でよい成果が出たら、相手の力であることをきちんと認め、まわりに知らせるようにする。仕事に対する不安がなくなれば、自然に前向きな考え方ができるようになる。

### マイナス思考の人の心理

マイナス思考の人は、心の中にある不安感や心配事を過度に意識し、なかなか仕事に着手できなかったり、進め方が遅くなったりする。ただし、この傾向にはメリットもある。ものごとを慎重に進めることで、ミスを未然に防げたり、成果物の完成度を高めたりすることができるからだ。このメリットをいかせるように働きかけてみよう。

| メリット | デメリット |
|---|---|
| ・慎重である | ・柔軟性がない |
| ・準備をおこたらない | ・作業が進まない |
| ・先読みができる | ・他人のやる気を下げる |

**マイナス思考にも
メリットとデメリットがある**

心の中の不安を取りのぞけば、じつは有能!

Type 4

# マイナス思考の人

つきあい方

## 個性として認めて力を借りる

いっしょに仕事をしている相手がマイナス思考の人なら、相手の欠点には目をつぶり、よい部分だけに着目して、言葉をかけるようにしたい。仕事の完成が遅くなったとしても、「あなたがいたから最後までやりとげられた」「あなたのおかげでお客様に喜ばれた」などと、よい点をほめること。不安がなくなれば、心強いパートナーとして活躍してくれるはずだ。

会話のルール

## ポジティブな言葉でマイナス思考を打ち消す

相手がマイナス思考の人なら、自分からポジティブ思考をアピールするのもひとつの方法。「どうしよう？ 締切りまで3日しかない」などの後ろ向きな発言に対しては、「3日もあれば十分ですよ」と、本心でなくても「楽観的な人」を演じてみよう。相手の心にある心配や不安が解消されれば、本来持っている実力を発揮できるようになる。

**ポジティブな返し方**

- 忙しくて仕事が手につかない。
- あなたが優秀だから仕事が集中するんです。
- どうしてあんな失敗をしたんだろう？
- 注意すべきポイントがはっきりしましたね。

ここに注意！

### いたずらに不安をあおらないようにする

マイナス思考の人がかかえている不安や心配をさらにあおるような言葉をかけるのはNG。「ほんとうに大丈夫？」「失敗しないように気をつけてくださいよ」などの言葉がそれに当たる。たとえ親切心から発した言葉であっても、相手はますます不安になってしまう。また、「いや、その考えは間違っている。なぜなら～」なとど、議論をしかけるのもひかえよう。「そんなはずはない!」と、相手が意固地になれば、逆効果だ。

## 他人のやり方が気に入らなくても攻撃しないように導く

神経質な人が、他人の言動や仕事のやり方を気にするのは、仕事に真剣に向きあっているから。その姿勢は尊重したいところだが、問題は、自分の気に入らないことがある場合に攻撃的な態度をとること。これを解決する方法は2つある。1つは、関係を先にきずいてしまうという方法。仕事上の「ギブ・アンド・テイク」の関係をつくってしまえば、本心では意に反していても、真正面から非難しにくくなる。また、相手のペースに合わせて進行することで、怒りを爆発させることもなくなる。

もう1つは、「仕事の取り組み方は、人によって違ってもよい」と伝えるという方法。さまざまな仕事の進め方があることを認めてもらう。成果がきちんと出ていることがわかれば、神経質な人が必要以上に細かい部分にこだわることもなくなる。

### 神経質な人の心理

神経質な人は、ルールややり方が、自分のつくった「枠組み」におさまっている状態を理想と考える。そして、もし枠組みから逸脱するものがあったら、全力で正そうする。枠組みからはずれる状態がつづけば、イライラをつのらせ、怒りを爆発させてしまうことも。理想を持つことも大事だが、過度に他人に干渉するようになると、問題がある。

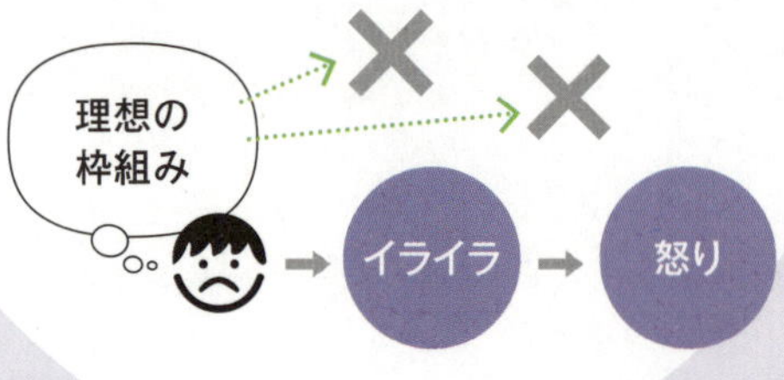

「枠組み」から出たくないから、人を認めない!

Type 5

# 神経質な人

つきあい方

## 「ギブ・アンド・テイク」の関係をつくる

神経質な人は、自分の枠組みからものごとが逸脱することがストレスになってしまう。そこに意識が向かないように、「ギブ・アンド・テイク」の関係をつくろう。関係が成立すれば、仮に枠組みからはみ出してもそれを指摘しにくくなり、やがて逸脱することを許容できるようになる。

ちょっと違うけど
まあ、いいか

**Step 1 無理にでも仕事を手伝ってもらう**

まずは、相手に仕事を手伝ってくれるよう頼む。自分で「借り」をつくり、それを返さなければならない状況にする。

▼

**Step 2 相手の仕事を手伝う（「借り」を返す）**

今度は、こちらから相手の仕事を手伝うことを申し出る。相手が断っても多少強引に「借り」を返す。

▼

**Step 3 恩の貸し借りで協力体制ができる**

仕事上のよいパートナーになってしまえば、相手の枠組みからはみ出すことがあっても、納得してもらえるようになる。

会話のルール

## 「アバウトな人」をほめる

仕事のポイントとなる部分を見きわめて力をそそぎ、ほかの部分は、よい意味で力を抜く……。そんなふうに要領よく仕事をこなし、周囲の信頼を集めている人もいる。仕事において、すべての面で完璧主義を貫くことはできないので、要領のいい人を目の前でほめ、神経質な人とは対極にある仕事観・価値観を認めてもらうように努力しよう。

○○さんは
とても要領が
いいですよね

## 自慢ばかりの人

### 自慢話を積極的に拝聴して、学べることを探す

自慢話を聞いても、それによって実害が出るわけではない。しかも、多くの場合、本人に悪気はない。ただし、度がすぎるとまわりの人は「また自慢話か」と敬遠するようになり、最悪の場合、その人が孤立してしまうということもある。もし、自分が話し相手になった場合は、まずは素直に話を聞く努力をしてみよう。自分にとってメリットになる情報や学べることが得られるなら、相手の自慢話におつきあいすることにも意義がある。

また、自慢話が好きな人は一般的にプライドが高いので、それをうまくくすぐりながら仕事をお願いすれば、期待に応えてくれるはずだ。自慢話を一方的に拒絶するのではなく、長所も認め、相手に頼るようにすれば、仕事でもプライベートでも心強い味方になってくれる可能性がある。

### 自慢が好きな人の心理

自慢が好きな人は、プライドが高く、他人より優位に立ちたいという思いから、無意識のうちに自分を高める話をしている。基本的に自分のことに関心があるので、プライドを傷つけなければ攻撃的になることはない。相手を認め、プライドをくすぐれば、角を立てずにおつきあいできる。

プライドが高いから、いつも優位な立場にいたい！

Type 6

# 自慢ばかりの人

つきあい方

## 有益な情報を引き出す

誇張はあっても、自慢話には真実がふくまれているという点に注目しよう。話を聞けば有益な情報を相手から引き出せるかもしれない。たとえば、相手が読書家ならオススメの本をあげてもらう、専門知識を持っているなら素直に教えを請う、人脈があるなら人を紹介してもらう……など。真剣な態度で聞けば、タメになる情報を引き出せる。

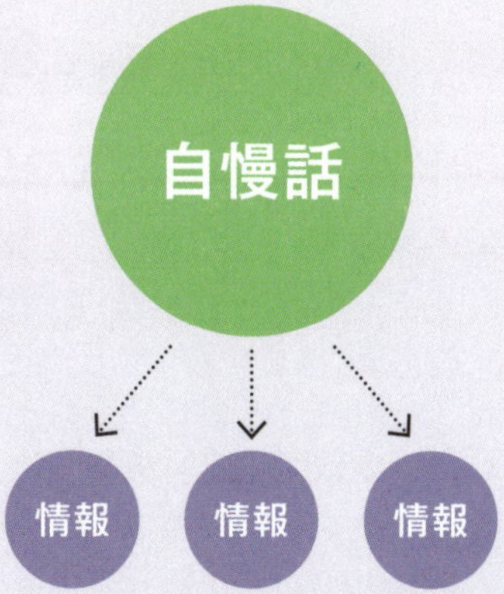


つきあい方

## プライドを刺激して頼みごとをする

自慢ばかりする人は、自分の存在を他人に認めてほしいという思いを持っている。相手のプライドをくすぐって、頼みごとをしてみよう。「○○さんなら、こんなの簡単ですよね？」「○○さんにしかできないと思います」などと、相手の実力を認めていることを示す言葉をかければ、気持ちよく仕事に取り組んでくれる。

会話のルール

## あいづちを打ちながら話を聞く

自慢する相手の姿を「ほほ笑ましい」と思う余裕をもち、話を聞こう。適度にあいづちを打ちながら「あなたの話に関心がありますよ」と態度で示せば、相手が不愉快な気持ちになることはない。プライドが高い人は、話を聞いてもらえれば気持ちがよく、聞いてくれる人をよき理解者だと思うようになる。

## おせっかいな人

### 適度におせっかいを受け入れながら、よい関係をたもつ

おせっかいをする人に悪気はない。好意にもとづく行動なので、むげに断るのは失礼だ。おせっかいを否定すると、人格を否定されたと思われてしまうこともあるので、慎重さが求められる。おせっかいな人は「他人と関わる＝自分の存在意義」と考えているので、まずはこれを尊重すること。もし、すべての申し出を受け入れることができない場合は、2つの対応のしかたが考えられる。1つは、自分の可能な範囲で限定的につきあうという方法。もう1つは、相手の興味を別の方向にシフトするという方法だ。どちらも、おせっかいを否定することにはならないので、いたずらに人間関係をそこなうことはない。

また、おせっかいは相手の好意の表れなので、イライラするようなことがあっても、感謝の気持ちを忘れないようにしたい。

### おせっかいな人の心理

おせっかいな人は、他人とかかわっていないと、自分の存在意義がなくなってしまうという思いにとらわれている。その思いが強くなりすぎると、他人の気持ちを考える余裕がなくなり、まわりからは「おせっかいな人」とマイナスの評価をされてしまう。かかわりを完全に絶つと、相手の人格を否定することになるので、適度な距離をたもとう。

他人とかかわる
ことでしか
自分の存在意義を
見出せない

自分に自信がないから、他人とかかわっていたい！

Type 7

# おせっかいな人

つきあい方

## 趣味や関心事に「限定」してつきあう

どんな相手でも、自分と共通する趣味や関心事が見つけられるはず。自分の気持ちを犠牲にしてまで、無理につきあう必要はないが、良好な人間関係をたもつには、適度なおつきあいが必要だ。共通の趣味・関心事の範囲でおつきあいをしていれば、それ以外のリクエストをお断りしても、角が立たない。

この本、読んで!
すごく面白いから
絶対に読んで!
ありがとう!
読んでみるね
(読書ならつきあえる)

会話のルール

## 人間関係を広げる「方法」を提案する

おせっかいな人は「他人とかかわりたい」という思いが強いので、たとえば、右のような方法を提案してみよう。相手が新しい人間関係で満たされるようになれば、適度に干渉されることもなくなり、心に余裕を持ってつきあえるようになる。

### こんな話題がオススメ

Topic 1
**サークルやセミナーに参加する**
共通の趣味や関心を持つ人が集まる場であれば、他人とのつながりをより強く意識することができる。

▼

Topic 2
**SNSでつながる**
InstagramやFacebookなどで、ネット上に新たな関係をつくることで、自分の存在意義を感じるようになる。

▼

Topic 3
**Twitterで情報を発信する**
有益な情報を持っているなら、それをネット上で発信することで、より多くの人に喜んでもらえる。

興味
ありませんか?

COLUMN

# 結果を出す人は「ほどよい自己主張」ができる

最近よく耳にする「アサーティブ」という言葉は、もともと心理学の用語で「自己主張をする」という意味。セミナーや研修の場で広く活用されている。「アサーティブ」のメソッドが目指すのは、さわやかな自己主張ができる人になること。攻撃的に自己主張する人はNGで、相手を気にして自己主張ができない人もNGだ。「アサーティブ」が身についている人は相手に敬意をはらいつつ、自分の意見もさわやかに主張できるとされている。

× **攻撃的な傾向**（アグレッシブ）

× **非主張的な傾向**（ノン・アサーティブ）

OK!

## 主張的な傾向（アサーティブ）

**他者も自分も尊重する／他者に配慮して反対意見を言う**

みんな、すごく困っているよ！ → **私はとても困っています。**（自分を主語にして伝える）

もっと、ちゃんとしてください！ → **資料に日付を入れるのを忘れないでね。**（わかりやすく具体的に）

（ほめられたときに）いやいや、たまたま、偶然ですよ。私なんてまだまだ……。 → **ありがとう！　うれしいな**（大げさに謙遜せずに、笑顔で受け止める）

PART 3

# 受け方のコツがわかれば会話は流れる

会話がうまい人とは相手の話を聞く力のある人のことだ。
ここでは、はじめに「聞く力」について説明し、次に会話をつなぐための原則を紹介。
最後に、典型的な話の受け方や話の引き出し方について解説する。

このパートでこれがわかる!

- 雑談をするときは「自分の話30%、相手の話70%」で!
- 自分の話は短くまとめて、相手のエピソードを引き出す
- 性格の話題で「理解してもらいたい気持ち」を刺激する
- 「ビギナー宣言」をして相手のふところに飛び込む

# 会話がうまい人は聞く力がある

「会話上手」と聞くと、おしゃべりな人を想像しがちだが、それは誤解。
会話がうまい人とは人の話をきちんと聞ける人。話すよりも聞くことのほうが大切だ。
ここでは、「聞く力」を磨くために知っておきたい基本ルールや注意点を紹介する。

## 会話力にまつわる3つの誤解とは？

**1**

誤解　スラスラ話せないと会話上手ではない

▼

GOOD!

**わかりやすく話せれば問題はない**

「流暢《りゅうちょう》に話せる人 ＝ 会話がうまい人」ではない。スラスラと話すよりも、わかりやすく話すことが大切だ。

**2**

誤解　会話はいつも自分がリードするべき

▼

GOOD!

**「話すこと」よりも「聞くこと」が大切**

会話で大切なのは話すことよりも聞くこと。話す技術を身につけるよりも話を注意深く聞くことが重要だ。話を聞いて、相手から情報を引き出そう。

**3**

誤解　話がうまい人は相手を論破できる

▼

GOOD!

**お互いに共感できるポイントを探せる**

「会話がうまい人 ＝ 議論で勝てる人」ではない。会話の目的は「お互いに共感できるポイントをたくさん探すこと」と考えよう。

## 会話がうまい人は聞き方がうまい

会話がうまい人は聞き上手だ。まずは相手の話を優先すること。相手の気持ちを考えながら、集中して最後まで話を聞くようにしたい。

Check!

- ☑ 相手の話を最後まで聞ける
- ☑ 相手の気持ちに敏感になれる
- ☑ 横道にそれずに会話できる
- ☑ 自分よりも相手に話をしてもらう

## 相手に気持ちよく話してもらう

会話をしている相手はあなたの聞く態度を観察している。あいづち、復唱、アイコンタクト（視線を合わせる）、表情に気をくばって話を聞こう。また、相手の意見を受け入れたり、質問を返したりすることも大切だ。相手に興味があることを伝えよう。

そうですか、
よかったですね！
1 あいづちを打ちながら聞く
2 言葉を復唱しながら聞く
3 ときどきアイコンタクトをとる
4 ときどき質問をしながら聞く
5 話の内容に表情を合わせる

興味を示してくれない相手にはだれも話をしたくない。「話を聞きたがっていること」を伝えよう。

 イラスト：kip

## 「聞く」と「話す」のバランスを考えよう

会話では、基本的に自分が話すことよりも聞くことを優先させる。ただし、その割合は話の内容によって変化する。シチュエーションに合わせて適切な割合を意識できるようになりたい。

**例3 相手を説得する**

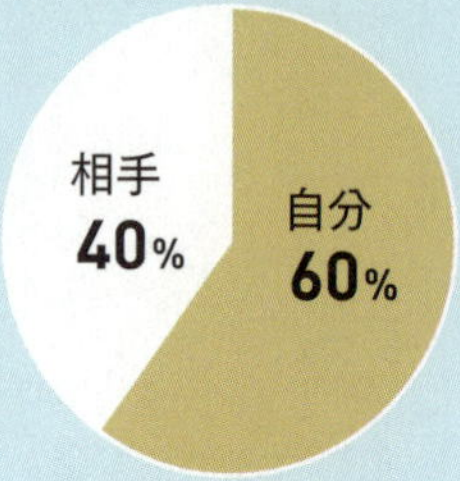


話す割合は
自然に増えるが、
ときどき
相手の話も聞く

**例2 雑談をする**

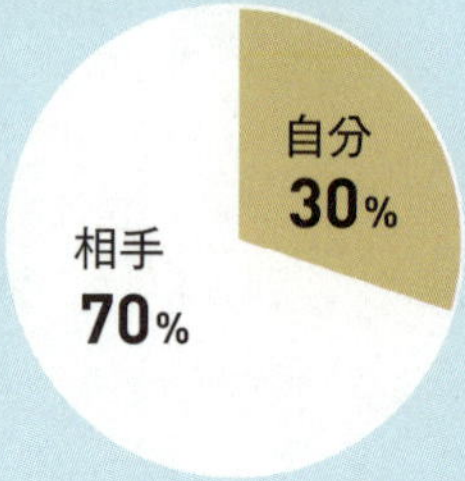


質問をぶつけて
相手のエピソードを
引き出す

**例1 相談にのる**

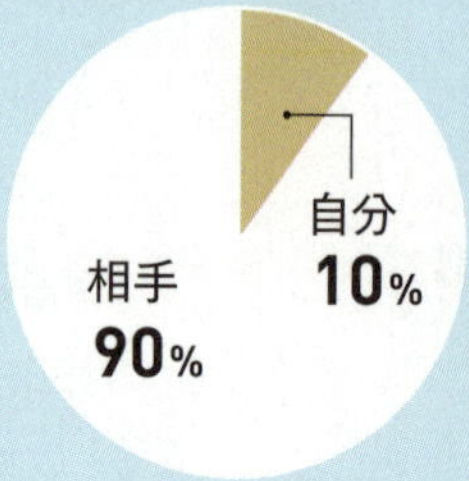


先回りせずに、
できるだけ
聞き役に回る

## 「あいづち」「質問」「共感」の総合力が問われる

会話では話す力よりも聞く力が重要。この聞く力とは、「あいづち」「質問」「共感」の要素を含む総合力だ。どれが欠けても上手に聞くことはできない。

**聞く力**

**あいづちの目的**

「こちらが聞いていること」を伝えることが最大の目的。受け答えのリズムを整えるという意味もある。

**質問の目的**

質問の第一の目的は相手の話を引き出すこと。質問によって話のポイントを明確にすることもできる。

**共感の目的**

共感の気持ちは言葉でも態度でも表現できる。共感していることを相手に示せば話は盛り上がる。

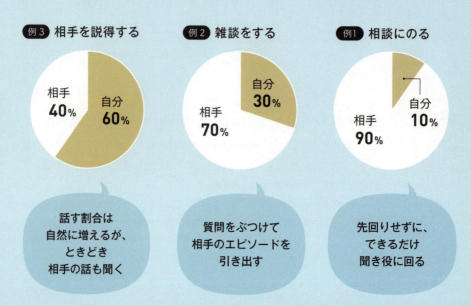

# 言い訳、ネガティブ前置き、あいまい表現を使わない

なごやかな雰囲気を一瞬でこわしてしまうNGフレーズには注意が必要だ。余計なひと言で相手が気分を害してしまうことがある。

## NG 1 言い訳は嫌われる

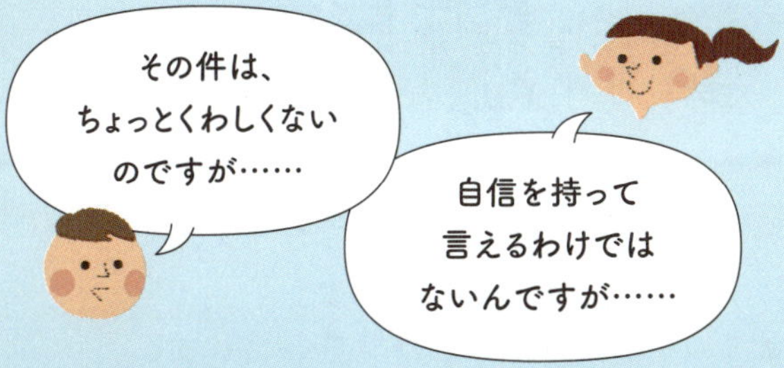


自信がないことに対しては言い訳をしたくなるが、責任逃れに聞こえるようなフレーズは相手に不快感を与えるので注意しよう。

## NG 2 ネガティブな前置きは嫌味に聞こえる

不平・不満や、言わなくてもいいようなことを前置きフレーズにするのはやめよう。不満があれば、きちんとした態度で伝えよう。

## NG 3 あいまいな表現は相手をイラつかせる

あいまいな表現は誤解を招く。どちらとも言えない無責任なもの言いは、相手をイライラさせてしまうので、使わないようにしたい。

1分以上
話がつづかない！

# 会話がとぎれない3つの原則

相手と会話をつづけたいときは「自分が何を話すか」ではなく
「相手にどう話してもらうか」を意識しよう。
相手の話題を引き出すコツを学べば、会話がつづくようになる。

## 原則 1 話したいネタを先に披露しない

「今日は暑いですね」と話しかけられたとき、「ほんとうに暑いですね」と返せば、新たなエピソードが引き出せる。そして、相手の話に対してあいづちを打てば、話は自然につづく。一方で、はじめに「こんな日はかき氷が〜」と自分のエピソードを伝えてしまえば、相手は聞き役に回るしかない。会話が広がらなくなるので注意しよう。

自分　相手

今日は暑いですねぇ。 きっかけの言葉

↓ ✕ → 自分のネタを話してしまう

ええ、ほんとうに暑いですね。

↓ 待って聞く

うちのクーラーが古いので、
そろそろ買い換えたいんです。

↓ あいづちを打つ

うちのクーラーもかなり古い型です。

↓

会話がつづく

こんな日はかき氷が
食べたくなります。
私、かき氷が
大好きなんです。
じつは昨日も……。

↓

会話がとぎれる

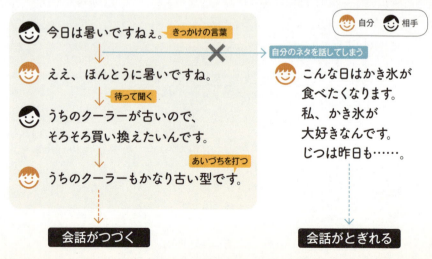

## 原則 2 「あいづち+質問」で主導権をわたす

自分から話しかけるときは、はじめに少し感想を披露し、すぐに相手に質問をして反応をうかがう。相手が何かきっかけを返してくれたときは「あいづち+質問」で感想を引き出す。

自分　相手

（自分）最近はニュース以外、テレビを観ません。（自分の感想を言う）
テレビは観ますか？（すぐに質問）

↓

（相手）観なくなりましたね。
昔は連続ドラマが大好きでよく観ていましたけど……。

↓

（自分）そうですか、連続ドラマですか。
たとえば？（あいづち+質問）

↓

（相手）『〇〇』（作品名）なんて、大好きでしたね。

↓

**会話がつづく**

×→ 自分のネタを話してしまう

（自分）私はニュースだけはテレビをチェックしますよ。

↓

（相手）そうですか……。

↓

**会話がとぎれる**

## 原則 3 「つなぎ質問」で相手の話を引き出す

あいづちを打つ代わりに、話のきっかけをつくる質問（つなぎ質問）を使えば、相手のエピソードを引き出せる。相手に気持ちよく話してもらえるような気くばりをしよう。

相手の話をうながす
「**つなぎ質問**」

- それで、それで……？
- そのあと、どうしました？
- そのときはどう思いました？
- 相手は何か言ってましたか？

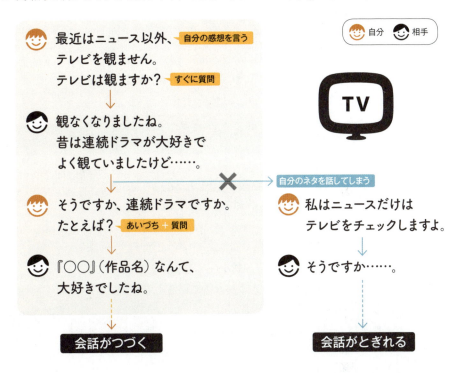

会話がつづくコツ
1

# 「はい」にひと言そえれば会話が動き出す

相手の質問に対して「はい」「いいえ」で答えていると
会話はつづかない。エピソードをプラスしよう。

## 実例　年上の上司に話しかけられた

上司　自分

上司：○○さんは、出《で》不《ぶ》精《しょう》だって言ってましたね。
日曜日は家にいることが多いの？

自分：はい、ほとんど家にいます。
ゴロゴロしているうちに一日が終わってしまいます。
体を動かしたほうがよいことはわかっているんですが、
（少し間を置く）
××さんは、よくお出かけになりますか？

**これがコツ**
「はい」で受けて答え、自分のエピソードを加えてから相手に質問で聞き返す。

上司：あまり、遠出はしないな。
……ゴルフの打ちっぱなしに行くくらいだね。

自分：いいですね、ゴルフをなさるんですね。
もう、長いんですか？

**これがコツ**
相手の話題に共感してから質問を重ねて聞き役に。

上司：……2年くらいだね。
コースに出たのは数回なので、まだまだ初心者だよ。

自分：楽しそうですね。コースではどなたと回るんですか？

上司：△△さんが多いかな、彼は……。 **会話がつづく**

## 自分のエピソードは短くまとめ質問で相手のエピソードを聞く

相手に話しかけられたときは、返事をしてから、少しだけ自分のエピソードを披露しよう。そのあと少し間を置いてから、質問を投げかけ、相手が答えてくれたら、その話に共感する。質問を重ねてエピソードを引き出そう。

話の主役は自分ではなく相手。自分の話はできるだけコンパクトにまとめ、質問を投げかけ、できるだけ相手に話をしてもらうようにする。興味のあることや好きなことに関する話をするのは楽しいもの。質問をくり返して相手の話したいテーマに迫り、気分よく話をしてもらうようにしたい。「自分の話は二の次」と考えれば、会話はとぎれずにつづく。

**このテクニックも使える！**

### ダメな部分を正直に伝え ネタにしていっしょに笑う

目上の人　自分

自分のだらしなさ、よくない習慣、悪いクセなどを話題にしていっしょに笑うことで、相手との距離がいっきに縮まる。こちらが人間らしい欠点を披露すれば、相手も胸襟《きょうきん》を開いてくれるようになる。

目上の人：日曜日は家にいることが多いの？

自分：はい、そうですね。一週間の疲れがどっと出てしまうので、昼間もだらだらと横になっています。

目上の人：大変だね、土曜日も働いているの？

自分：いえ、土曜はよく飲みに行きます。つい深夜まで……。

目上の人：ああ、じゃあ、仕方がないよね。

自分：ええ、自業自得ですね（笑）。

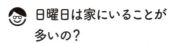

会話がつづくコツ
2

# 「性格の話」につなげて理解されたい気持ちに訴える

質問でエピソードを引き出して「性格の話」を展開。
相手の「自分を理解してもらいたい」という気持ちを刺激しよう。

## 実例 会社の休憩室で声をかける

自分　後輩

（自分）今日は冷え込みますね？

これがコツ
「はい」「いいえ」で答えられる質問からはじめ、話題を広げるポイントを探す。

（後輩）はい、寒いですね。

（自分）衣がえはしましたか？

（後輩）いいえ、でも週末にやろうと思っています。
夏物をクリーニング店で受け取ってから、
まとめて入れかえようかなって。

（自分）段取りがいいですね。
きっと几帳面な性格ですね？

これがコツ
相手の性格、性質、クセなどにかかわる質問につなげる。

（後輩）まぁ、どちらかというと、そうだと思います。
きっちりやらないと気がすまないっていうか、
いつも段取りを考えてしまいますね。

（自分）……そうですか。ズボラな私としては、うらやましいな。

これがコツ
自分の弱みを正直に伝えて、相手をほめる。

（後輩）いえいえ、私なんかダメです。じつは昨日も
エアコンを……。会話がつづく

## クローズド・クエスチョンで話のきっかけを引き出す

プライベートな話に踏み込むときは、まず「はい」「いいえ」で答えられる質問をくり返して、相手の答えを待とう。相手が自分のエピソードを披露してくれたら、その話に対する感想として、「○○な性格ですね？」と返す。

その問いかけが正解でも正解ではなくても、性格が話題になれば、「自分のことを理解してもらいたい」という気持ちが働く。あとはこちらが聞き役に回るだけ。相手をほめながらエピソードを引き出せば、会話が盛り上がる。

ちなみに、「はい」「いいえ」で答えられる質問を「クローズド・クエスチョン」と呼ぶ。会話のきっかけをつくるときに有効だ。

このテクニックも使える！

### 生活習慣の話につなげて相手の長所をピックアップ

自分　後輩

相手の「生活習慣」を長所と結びつければ「性格」と同様の効果が得られる。右のように「寒い → 暖房 → ケチ → 自己管理」と展開して長所をほめる流れにしよう。

今日は冷え込みますね？

はい、寒いですね。

自宅で暖房入れてます？

いいえ、まだ使っていません。

えらいなあ……、私なんか
先週からエアコンを入れました。
寒さには強いほうですか？

いいえ、でも私、ケチだから、
使わないようにしています。

そうか、えらいですね。
自己管理できるなんて、
すばらしい。

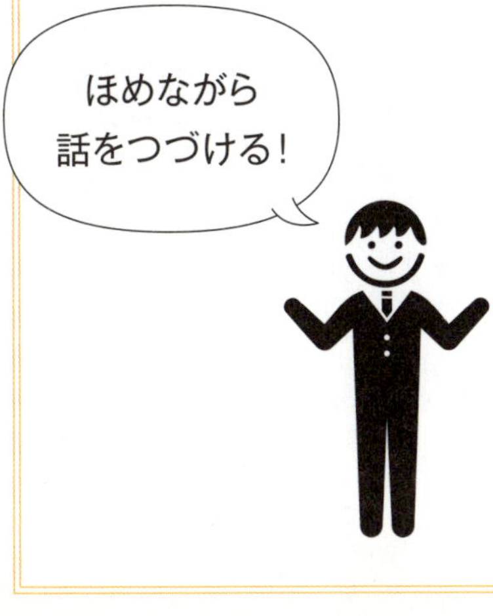

会話がつづくコツ
3

# とっつきにくい人には「あいさつ＋質問」で

無口な先輩やふだんきびしい上司とコミュニケーションをとるときは、
時間をかけて少しずつ距離を縮めていこう。

## 実例　無口で反応の少ない先輩に話しかける

先輩　自分

### 1回目の声かけ

〇〇さん、おはようございます、今日は暑いですね。

えっ、ああ。

（だれだ、こいつ。少しなれなれしいな）

エアコンもっと強くしますか？

**これがコツ**
「あいさつ＋質問1つ」でOK。
相手が答えてくれたら「失礼しました」と言って立ち去る。

いや、まかせるよ。

### 2回目の声かけ

〇〇さん、おはようございます、今日も暑いですね。
ご存知ですか？　女性は男性より体感温度が2度も低いんですよ。

**これがコツ**
2回目の声がけでは意外な情報を1つプラスする。

へえ、そうなの。

（ちょっと、面白いこと言うやつだな）

そんな女子にも今日の暑さはこたえます。
エアコン、もっと強くしますか？

ああ、そうだね、じゃ、お願いしようかな。

次ページにつづく

**3回目の声かけ**

**おはようございます○○さん、今日は過ごしやすいですね。**

**おはよう、確かに今日は涼しいね。**

**早く秋になってくれればいいんですけど。**

**秋になれば何かいいことあるの？**

話しやすいから、
少ししゃべってみるか

**じつは私、山登りが趣味なんです。**

**そうなんだ、どのあたりに出かけるの？**

会話がつづく

**これがコツ**
3回目の声がけには、自分の趣味・嗜好をプラス。相手が興味を示したら雑談に入る。

## 深追いせずに会話を切り上げ少しずつ距離をつめていく

無口な人や気むずかしい人に話しかけるときは、1回で成果をあげようとしないことが大切だ。何回かに分けて、少しずつ距離を縮めていくようにしよう。

初回は「あいさつ＋ひと言」でOK。2回目はあらかじめ用意したネタを披露し、「あいさつ＋ふた言」程度の短い会話を目標にする。そして3回目以降は短い雑談を楽しむことを目指したい。相手が雑談にのってこないときは、ムリに距離をつめようとせずに退散。無口な人でも、口が重い人でも、時間をかけてアプローチすれば、気軽に話せる関係になれる。社内の雰囲気を盛り上げるために、話しかけてみよう。

会話がつづくコツ

4

# 「ビギナー宣言」をして相手のふところに飛び込む

気軽に話しかけられない目上の人には、教えを請う形で質問。
相手のふところに飛び込んで話題を広げよう。

## 実例 サッカーファンの上司とコミュニケーションをとる

上司　自分

自分：○○部長は××（サッカーチーム）のファンですよね？

上司：おっ、サッカーくわしいんだ？

自分：**まったくの素人ですが、すごく興味があります。**
あの……応援団みたいな人たち、楽しそうですよね。

> これがコツ
> ビギナーであることを宣言しつつ、興味があることをしっかり伝える。

上司：応援団？　ああ、サポーターね。

自分：そう、そのサポーターが手拍子しながら歌ってますよね。
**あれがとっても楽しそうで、大好きなんです。**

> これがコツ
> 「わからないが大好き」と伝える。自分の得意分野なら、喜んで説明してくれる。

上司：あれは「チャント」っていうんだけどね。
チームのチャント以外に選手のチャントもあるんだよ。
××の場合、10種類くらいあるかな。

（ほんとうに興味がありそうだな。ちょっと説明してやるか）

自分：部長はぜんぶ歌えるんですか？

上司：そりゃ、もちろん歌えるよ、ちゃんとね（笑）。

自分：**ダジャレ、ねらってましたか？**

会話がつづく

> これがコツ
> ダジャレで返してくれたら、すかさず反応して距離を縮める。語尾はきちんと丁寧語に。

## 「興味がある」ことをアピールして教えてもらいながら話す

趣味の話をきっかけにすれば、普段話をしない人とも仲よくなれる。はじめに「自分はくわしくないけれど興味がある」と宣言して、相手のふところに飛び込んでしまおう。ここで大切なのは、ビギナーならではの素朴な疑問をぶつけるという点だ。

ここで、あえて初歩的なことを聞けば、相手の「教えたい気持ち」を刺激できる。趣味のある人は必ず一家言あるため、ビギナーに対して「親切に教えてあげたい」と考えている。上手にそこを刺激して話を聞けば、「教える→教えてもらう」という形でコミュニケーションが成立。距離をいっきに縮めることができる。

このテクニックも使える！

### 「ビギナー宣言＋きっかけ質問」の黄金パターンも覚えておこう

趣味またはくわしいことをきっかけに雑談をするときは「興味がある」と宣言したあとに、きっかけをつかむための質問をする方法もある。「やり方がわからないので教えてほしい」という気持ちを込めてお願いしてみよう。

**ゴルフを話題にする**

興味はあるんですけど、
きっかけがつかめなくて……。
**やればハマるんでしょうね？**

**歌舞伎を話題にする**

歌舞伎を観たいんですけど、
何かむずかしそうですよね。
**初心者でもわかる演目って**
**何ですか？**

**エステサロンを話題にする**

エステに行きたいんですけど、
たくさんありすぎて選べなくって。
**どうやって**
**選べばいいんですか？**

会話がつづくコツ
5

# 雑談のネタがつきたときは「いま見たこと」を話す

出張や長時間の移動のときは上司となごやかな会話を楽しみたいもの。
自然にネタを広げる方法を覚えておこう。

## 実例 出張中に話題がとぎれそうになった

上司　自分

（上司）本を今度、貸しますよ。
一度読んでください。

（自分）ありがとうございます。
読ませていただきます。

**これがコツ**
お礼を言うときは「もう少しで話題がとぎれる」と考えていいので、この時点から次の話題を考えはじめる。

（上司）感想を聞かせてくださいね。

（自分）はい、もちろんです。（少し間を置く）
……あっ、そうでした！
ひとつうかがってもよろしいですか？

**これがコツ**
「あっ、そうでした！」は定番のきっかけフレーズ。目上の人に対してはおうかがいを立ててから質問する。

（上司）どうぞ、なんですか？

（自分）先ほど、とても大きな建物の前を通りました。
あの建物はなんですか？

**これがコツ**
直前に目にした建物のことを質問して話をつづける。

（上司）ああ、あれは確か……。

会話がつづく

## むずかしいことを話そうとせず「見たこと」を質問する

他部署の上司など、少し距離のある人と対面で話をするのは気づまりだが、必要以上に緊張する必要はない。話題がつきることをおそれず、リラックスして話せるようになろう。

もし一連の話がとぎれてしまったら、「あっ、そうでした」「そうそう、そういえば」などのきっかけフレーズを使い、新たな質問を投げかけ、話題を提供しよう。

このときの質問は「いま見えているもの」または「少し前に見たもの」に関する内容でOK。お互いに見えているもの（または見たことがあるもの）をキーワードに質問を投げかければ、新たな話のネタができる。

**このテクニックも使える！**

### 過去をふり返って思い出話に花を咲かせる方法

旧知の間柄なら、話題がなくなったとき、過去の共通のエピソードを話題にする方法もある。右のようなきっかけフレーズで話題をふり、「あのときは○○だった」と思い出話につなげよう。相手の共感を引き出せるエピソードなら、話が盛り上がる。

**きっかけフレーズ**

- そうそう、ひとつ思い出しました。
- ところで○○さん、覚えていらっしゃいますか？
- じつは、今日、××のことを思い出していました。

**過去の話題（例）**

- 自分の失敗談（笑える話）
- いっしょに盛り上がった酒宴
- スポーツ観戦や観劇のこと
- 相手にお世話になったこと
- 相手の趣味にまつわること
- アドバイスや忠告を受けたこと

会話がつづくコツ 6

# 悩みを聞くときは「オウム返し」で受け止める

同僚や後輩の悩みやグチを聞くときは、同じ言葉を使って返し、話のポイントで感想をつけ加えるようにしよう。

## 実例　同僚がプライベートな悩みを打ち明けてきた

（同僚）（自分）

同僚：最近、弟が競馬にハマって大変です。

自分：**競馬ですか？**

これがコツ　はじめは「オウム返し」をして情報を聞き出す。

同僚：ええ、そうです。
週末は競馬場に一日中いて……。

自分：一日中競馬場ですか？

同僚：ええ、そうです。
貯金を切りくずして資金に当てているので、心配しています。

自分：そうですか、それは心配ですね。
**だれか忠告してあげたんですか？**

これがコツ　話の核心に近づいたら、的確な質問を投げかけ、悩んでいるポイントを明確にする。

同僚：私が何度も言い聞かせてるんですが、なかなか聞いてもらえなくて……。

会話がつづく

そう、そこを聞いてほしいのよ

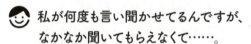

## オウム返しでポイントを探り質問で悩みの原因を引き出す

同僚や後輩が「悩みを聞いてほしい」と訴えてきたら、まず相手の言葉をオウム返しにして様子をうかがおう。このときは自分の意見や感想を言わないこと。聞き役に回り、相手の話が悩みのポイントに到達するまで待つ。

相手がこれまでよりも一段階深いこと（前ページの実例では「貯金を切りくずして〜」の部分）を訴えてきたら、それが悩みのポイント。すかさず共感してから、質問の形で感想を伝えるようにしよう。この場合、最終的な目的は悩みを解決することではなく、最後まで話を聞くこと。自分の意見は最小限に留め、相手の話をしっかり聞くようにしたい。

このテクニックも使える！

### 「あいづち＋要約」のセットなら整理しながら話をうながせる

同僚　自分

相手の話を「オウム返し」にするのではなく、あいづちを打ちながら要約するという方法もある。これは話の内容がまとまっていない相手に対して有効だ。受けとめて要約することで自然に整理され、テンポよく会話が進むようになる。

あいづち
＋
要約

今年は結婚ラッシュでね。
毎月のように式があるから大変だよ。

そうだよ、お金かかるよね。

週末に式があるときは、
休んだ気がしないよね。

それは、そうだ。
疲れがたまるよ。

祝いごとだから、
文句も言えないしね。
ストレスがたまっているのかな？

たぶんね。気分転換も大切だよ。

COLUMN

# 相手との距離がぐっと縮まる「開放性の法則」

相手のプライベートな一面を知ることで、その人に親しみを覚えたり、好意を持ったりすることを、心理学では「開放性の法則」と呼ぶ。そのため、人と話す際は、ビジネスライクに必要最小限の話をするのではなく、ほどよくプライベートなことやちょっとした悩みを打ち明けるようにしてみよう。また、ある程度面識のある間柄のほうが、この「開放性の法則」は効果があるとされている。事前にその人に対して「怖い人」「優しい人」というイメージが固まっている場合、それを壊すことで、新しい関係が生まれるという。

**ほどよくプライベートな話題**

ちょっとした
グチ
家族のこと
休日の
過ごし方
将来の
夢や目標
趣味や
関心ごと

PART 4

# 相手の「YES」を引き出す会話術

ここでは、「交渉」「主張」「説明」「お願い」という4つのシチュエーションにおける
会話のテクニックを具体的な言い回しをプラスして解説する。
また、プレゼンテーションと説得の作法もあわせて紹介！

このパートでこれがわかる！

- プレゼンの極意は、短いセンテンスとアイコンタクト
- 反論は受け流し、暴言には注意をうながす
- 人は「自分に無関係なこと」を聞いてくれない
- 命令、説得、説教も「お願い」の一種と考える

相手の「YES」を引き出す 1

# 「交渉」の技術

ここでは商談で役立つ交渉に関する基礎知識を紹介する。
交渉の心得と商談の流れを学ぼう。

## 自分が何かお願いする代わりに相手のお願いも聞いてあげる

商談や打ち合わせは双方向のコミュニケーションだ。こちらのお願いを承諾してもらうこともあり、相手のお願いを引き受けることもある。交渉は利益を一方的に引き出すために行うわけではないことを理解しよう。ゆずれるところはゆずり、ゆずれないところはゆずらず、最終的にお互いに納得できる合意点を見つけ出すための共同作業と考えたい。

他社を訪問して交渉する場合は、「アポイント」「訪問する」「あいさつ」「商談」「あいさつと感謝」の5つの基本ステップを意識しよう。もし、商談で交渉が決裂した場合も、次の機会を得られるように丁寧に対応しておこう。

## Technique 1 交渉のポイント5か条

1 卑屈にならない
2 横柄にならない
3 敬意と誠意を持つ
4 はっきり主張する
5 きちんと意見を聞く

卑屈な態度や横柄な態度は交渉のさまたげになる。つねに相手を敬い、誠意を持って接するようにしよう。一方で、必要以上に遠慮する必要はない。自分の意見をはっきりと主張すると同時に、相手の意見もきちんと聞く。押すところは押し、引くところは引き、互いを尊重しながら合意点を見つけよう。

## Technique 2 基本的な交渉の流れ

アポイントをとり、他社を訪問して交渉するときの流れをまとめた。5つの基本ステップで展開する基本的な流れを頭に入れておこう。

### step 1 アポイント

電話とメールでアポイントをとる。はじめて商談をするときは必ず電話でアポイントをとること。その後、スケジュールの確認をするときにメールを使う。

### step 2 訪問する

必要な資料、書類などは前日までに用意しておくこと。前日には、相手にリマインドのメールを送り、訪問時間や用件を再確認しておいたほうがよい。

### step 3 あいさつ

受付で訪問を告げ、担当者の名前と約束があることを伝える。初顔合わせの担当者がいる場合は、名刺交換をして、あいさつをすます。

### step 4 商談

**商談の手順**

1. 雑談で場をなごませる
2. 本題(交渉)
3. 決定事項の確認
4. 今後の確認

では、
そろそろ～

いきなり本題には入らないこと。あたりさわりのない話題を選び、少し雑談をしたのち、「では、そろそろ～」と前置きをしてから本題を切り出す。

### step 5 あいさつと感謝

商談結果がどうであれ、笑顔であいさつをして帰る。このとき「お時間をいただきありがとうございました」と機会をもらったことに感謝する。

お時間をいただき
ありがとうございました
ペコリ

すぐに使える!

# 交渉の言い回し9

交渉は相手の意見をきちんと聞くことからはじめる。
互いに歩み寄りながら、折り合えるポイントを探そう。

## 1 | 相手の意見を聞くときの反応

**そうですね。**
**ごもっともです。**

これもOK!

○ 確かに
おっしゃる通りです。

交渉中は上のような言い回しで相手の意見に一理あることを認める。そのあと「ですが～」と、自分の意見を主張する。

## 2 | これだけはゆずれないと押し返す

**これが当社でできる**
**最大限の努力でございます。**

これもOK!

○ これ以上は
ちょっとむずかしいですね。

譲歩がむずかしいなら、上のように伝える。その場で判断できなければ「持ち帰らせてください」とお願いをする。

## 3 | 脱線した話をもとにもどす

**テーマがふくらみすぎているので、**
**まず○○の話をまとめませんか。**

これはNG!

× 話が脱線しているので、
もとにもどします。

「脱線している」と言えば、脱線させた人を非難することに。「ふくらみすぎている」と表現すれば表現がやわらぐ。

## 4 | 話し合いが長引きそうなとき

**少し長くなるかもしれません。**
**お時間はよろしいですか。**

これはNG!

× 大切なところなので、
もう少しお時間をください。

通常、商談の目安は1時間程度。1時間をこえそうなときは、相手の予定を聞く。「大切なところ～」はこちらの事情なのでNGだ。

### 5 | お互いの意見をまとめる

**○○さんのご意見と
私どもの提案をまとめますと～**

これもOK!

○ メリットとデメリットを
整理してみませんか。

意見をまとめる言い回し。「○○さんのご意見と～」は折衷案を提案する表現だ。「メリットと～」は問題点を明確にするときに使う。

### 6 | 即答できない要求を出された

**私の一存では判断いたしかねますので、
確認させていただきます。**

これもOK!

○ そちらの件は、持ち帰らせて
いただいてよろしいでしょうか。

上司に相談する必要がある場合は、上のような表現で保留。さらに「○日までにご回答いたします」と期限を明確にする。

### 7 | 商談がまとまらなかったときのフォロー

**今回は残念な結果になりましたが、
今後ともよろしくお願いします。**

これはNG!

× 今回は残念でした。
次回はなんとかお願いします。

「おつきあいを継続したい」と考えるなら、上のような言い回しをすること。「次回はなんとか～」は厚かましい感じがするのでNG。

### 8 | 商談がまとまったあとのフォロー

**ご不明な点がございましたら、
遠慮なくご連絡ください。**

これはNG!

× わからないことがあれば、
いつでも聞いてください。

詳細をすり合わせる必要がある場合、上のような表現を使って申し出る。「わからないこと～」は上から目線の言葉なのでNG。

### 9 | 次回の打ち合わせを提案する

**次回のお打ち合わせは
来週の○曜日でいかがですか。**

これはNG!

× 次回のお打ち合わせは、
いつごろにいたしましょうか。

次回の打ち合わせの日時は、その場で決めてしまう。「いつごろ～」のようにあいまいにせず、「○曜日でいかがですか」とたずねる。

Advice

## 商談成立後のフォローアップも忘れずに！

帰社した当日、または遅くとも翌日の午前中までに、電話またはメールでお礼しておきたい。

例 先ほどそちらにうかがいました
○○社の××です。本日はお忙しい中、
お時間をいただきありがとうございました。
社にもどりまして上司に報告したところ、
またあらためてごあいさつに
うかがいたいとのことでございました。
今後ともよろしくお願いいたします。

Special

現場で役立つ!

# プレゼンテーションの作法

基本ルールと独特の言い回しを
覚えてから、しっかり予行演習を行い、
本番に備えよう。

## プレゼンテーションは予行演習が大切

プレゼンテーション(以下、プレゼン)において大切なのは、いかにわかりやすく説明するか。不特定多数の人を相手にする発表の場なので、基本ルールや独特の言い回しを覚えておこう。また、予行演習を行うことも大切。第三者に見てもらえば、思わぬ落とし穴が見つかる。

## プレゼンの基本ルール

プレゼンで大切なのはアイコンタクトだ。聞き手が理解してくれているかどうかを確かめながら、図を用いて丁寧に説明しよう。

**RULE 1 短いセンテンスでゆっくり話す**

センテンスを短く切り、大切な部分はゆっくり話す。ときどき間を置くことも意識しよう。

**RULE 2 アイコンタクトで理解を確認**

こまめにアイコンタクトをとり、相手の理解度を確認。理解が足りないと感じたときは補足説明を行う。

**RULE 3 ビジュアルを利用する**

文字を読ませるのではなく、図で理解してもらえるように工夫を。ビジュアルに訴えることでわかりやすくなる。

## 冒頭のあいさつ

すでに紹介されている場合は、右のようにすぐ本題に入る。あらたまった場でも冒頭のあいさつは短くまとめること。「緊張している」や「一生懸命説明する」などのフレーズは不要だ。

GOOD!

本日は貴重なお時間をいただき、
ありがとうございます。
では、さっそく○○の説明に
入らせていただきます。

×

本日はお忙しい中、お時間を頂戴いたしまして、
誠にありがとうございます。先ほどご紹介いただきました○○社の××でございます。
本日は少し緊張しておりますが、
一生懸命説明させていただきます。

## 本題の話し方

本題はテーマをしぼって1つずつ簡潔に説明する。はじめに、説明するポイントの数をあげ、具体的に提示したほうがよい。

GOOD!

この商品の特長は3つあります。
1つは～という点です。
2つめは～という点です。
そして、3つめは～です。

×

この商品には○○という特長があり、
××という利点もあり、しかも、△△という
従来の商品にはないよさもございます。

## 確認の言い回し

プレゼンは公の場で行うため、全体に対して呼びかける独特の言い回しがある。同じ言い方にならないように工夫しよう。

GOOD!

・ここまで、よろしいでしょうか。
・ここまでで、ご質問はございますか。
・ここまでで、ご不明な点がございましたら、どうぞご指摘ください。

×

・わかりましたか。
・ここまで、理解できましたか。

# 「主張」の技術

人によって意見が違うのはあたりまえだ。
主張をするときは角が立たないように配慮したい。

**意見、指摘、反論に分けて考え相手を傷つけない言い回しを**

一般的に「主張」には「意見」「指摘」「切り返す（反論）」の3つの意図が隠されている。「意見」は自分はこう思うと述べるもの。「指摘」は間違いや矛盾、未整理の部分などを知らせるもの。そして「切り返す（反論）」は特定の意見に対して異をとなえるものだ。どのような意図であれ、角が立たない表現を心がけるようにしたい。

一方で、あいまいな表現をさけることも大切。遠回しに言うことで、こちらの意図が伝わらないこともある。やわらかい表現を選びつつ、細かい部分までこちらの意図を伝えることが求められる。大人ならではのテクニカルな言い回しを覚えよう。

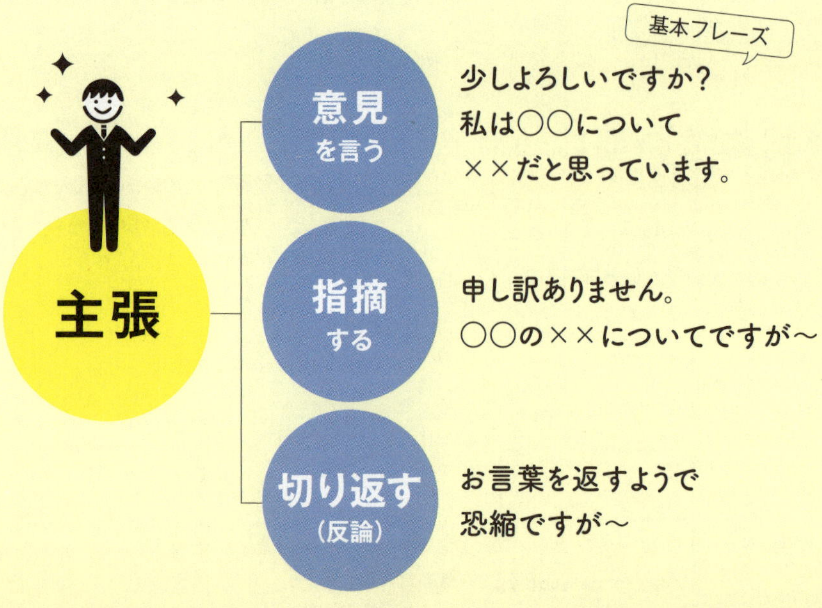
主張
基本フレーズ
意見を言う
少しよろしいですか？
私は○○について
××だと思っています。
指摘する
申し訳ありません。
○○の××についてですが～
切り返す（反論）
お言葉を返すようで
恐縮ですが～

## Technique 1 気づきをうながす指摘の方法

相手の間違いや勘違いをダイレクトに指摘すると、角が立つもの言いになる。そんなときは、遠回しの言い方でやんわりと指摘してみよう。「相手の背中を押して気づきをうながす」と考えたい。

**上司の話が不明瞭でわからない**

おそれ入りますが、
もう一度、ご説明願えますか。
勉強不足で申し訳ありません。

明らかに上司の説明不足だとしても、「勉強不足で～」と自分のせいにすれば角が立たない。

**部下の敬語の使い方が間違っている**

さっき「○○○」と言ったよね。
あれは「×××」が正解かな。
敬語ってむずかしいよね。

最後に「敬語ってむずかしいよね」と共感のひと言を加えることで、表現がぐっとやわらかくなる。

**同僚が話の内容を聞き違えている**

あの話、わかりにくいですよね。
私も間違いそうになりました。
どうもそういう話ではない
みたいですよ。

「間違いそうになった」と告げることで「間違うのは仕方がないこと」と伝える。表現をやわらげよう。

## Technique 2 反論・暴言に切り返す

ときには感情的な反論やセクハラ・パワハラに類する暴言を受けるときもある。そんなときは、感情的にならず、冷静に切り返すのが大人の対応。反論に対してはさらりと受け流し、暴言に対しては軽く注意をうながす。

**切り返す**

**感情的な反論 ▶ 受け流す**

- 手厳しいご意見ですね。
- そういう考え方もありますね。
- さあ、どうでしょうか。

**暴言 ▶ 注意をうながす**

- ご冗談ですよね。
- ○○さんらしからぬお言葉です。
- 本気ではありませんよね。

すぐに使える!

# 主張の言い回し7

ここでは意見や指摘をするときの実例を紹介する。
言い回しだけで与える印象が大きく変わることを学ぼう。

## 1 | 目上の人に意見を言うとき

**さし出がましいようで
恐縮ですが～**

これはNG!

✕ 余計なお世話かも
しれませんが～

「さし出がましい」は「出しゃばるようで申し訳ない」と謝る前置き。「余計な～」も同義だが、目上の人には不適切だ。

## 2 | 一刻を争う状況で意見する

**火《か》急《きゅう》の案件のため
前置きなしでお伝えします。**

これはNG!

✕ 取り急ぎ、
用件のみで失礼します。

「火急の用件」とは「火が燃え広がるほど急ぎの用事」という意味。「とり急ぎ～」は緊急な状態では使わないほうが安全だ。

## 3 | 思い切って意見する

**失礼ながら
直《ちょく》言《げん》させていただきます。**

これはNG!

✕ ここは無礼講で
言わせてもらいます。

立場が下でも、必要なら「失礼ながら」と前置きして直言（はっきり言う）する。一方、「無礼講」は目下の人が使う言葉ではない。

## 4 | 取引をやめることを宣言する

**今後のおつきあいは
ご遠慮させていただきます。**

これはNG!

✕ 今後のおつきあいは
考えさせてください。

「考えさせてください」とあいまいにするのはNG。断るべきときはきっぱりと。「ご遠慮させて～」は丁寧だが、余地を与えない。

Column

## 指摘・反論をやわらげるフレーズ

指摘や反論をする前に入れる、表現をやわらげる言い回しを紹介する。

### 反論フレーズ（前置き）

**賛成してから反論する**

**基本的には賛成なのですが～ ＋ 反論**

「基本的に賛成」と賛成ではない部分があることを示す。はじめに肯定すればクッションに。

**理解を示してから反論する**

**おっしゃることはよくわかりますが～ ＋ 反論**

「よくわかる」と理解を示すことで表現をやわらげる。理解はしても、肯定はしない。

### 反論フレーズ（フォロー）

**どちらが正しいとは言えないとフォロー**

**反論 ＋ もちろん、意見が分かれるところですが。**

「意見が分かれる」という表現で、自分が絶対に正しいとは思っていないことを伝える。

**自分が間違っている可能性を認める**

**反論 ＋ 私の思い込みかもしれませんが～**

個人的な意見かもしれないと伝えてやわらげる。「私見かもしれませんが～」も同様の表現。

### 指摘フレーズ

**自分も同様と認めてよりそう**

**私もあなたの立場なら、**
**そう言うと思うんです。**

共感を示す言い回し。「もし自分があなたの立場なら」と仮定することで相手によりそう。

**具体例を示してから指摘する**

**その方法は○○さんがやってみたそうです。**
**でも、うまくいかなかったようですよ。**

「失敗した人がいる→だから失敗」という流れで、遠回しに指摘する。

## 5 ｜ 上司の間違いを指摘する

**○○部長、私の勘違いでしたら**
**申し訳ございませんが～**

これはNG!

× ○○部長、もしかしたら
間違えていませんか？

「私の勘違いでしたら」と前置きすることで、表現がやわらぐ。「間違っていた」と上司が認めたときは、「失礼しました」と返す。

## 6 ｜ 目上の人にご注進するとき

**お耳に入れて**
**おきたいことがあります。**

これもOK!

○ お耳を拝借しても
よろしいですか？

どちらも「聞いてほしい」と訴える言い回し。強調するときは頭に「どうしても」という前置きをつける。

## 7 ｜ 目上の人から矛盾することを言われた

**先日は○○と**
**おっしゃいましたが……？**

これはNG!

× 先日は○○とうかがいましたが、
××でよろしいですか。

「矛盾していますよね」と指摘するのは最悪の対応。「先日は～」も少し角が立つ。疑問形で「おっしゃいましたが……？」と聞く。

Special

現場で役立つ!

# 説得するときの作法

相手を説得するときは
話を論理的に展開する必要がある。
ここでは3つの展開について具体的に解説する。

## 筋道を立てて話せば納得してもらえる

相手を説得するときは、きちんとした論理が求められる。「論理」とは筋道を立てて説明すること。ここでは3つのパターンを紹介する。また、もし、途中で相手が反論してきたら、きちんと意見を聞き、冷静に説明する。もし反論がつづくようなら、「最後まで聞いてください」とお願いしよう。

## パターン 1 「結果」と「理由」で説得する

原因と理由の因果関係を述べるもっとも一般的な論理の組み立て方。結果を告げてから理由を説明する方法と、理由を説明してから結果を告げる方法がある。インパクトを与えたいときは、先に結論を告げる「結果 → 理由」を、順を追って丁寧に相手に訴えたいときは「理由 → 結果」を選ぼう。

| インパクトを与える | 丁寧に伝える |
|---|---|
| 結果 | 理由 |
| ↓ | ↓ |
| 理由 | 結果 |

### 結果 ▸ 理由の展開例

はじめに結果を告げてから、「なぜなら……」と続けて理由を述べる。1つずつ理由を述べて、納得してもらおう。

**結果**　もし健康な体を維持したいと考えるなら、生活スタイルを夜型から朝型に切りかえるべきです。

↓

**理由**　なぜなら……

1 夜型の生活スタイル」をつづけることにより、睡眠不足になる人が多い。

2 脳が早朝によく働くようになっているため、生活のリズムをつかみやすい。

3 深夜まで起きていると間食が増え、肥満になりやすい体質になる。

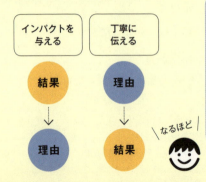

## パターン 2 「一般論」と「具体例」で説得する

一般論と具体例を使って結論に導く方法もある。一般論を話してから具体例を示す方法を演繹法《えんえきほう》、具体例を話してから一般論を語って結論に導く方法を帰納法《きのうほう》と呼ぶ。

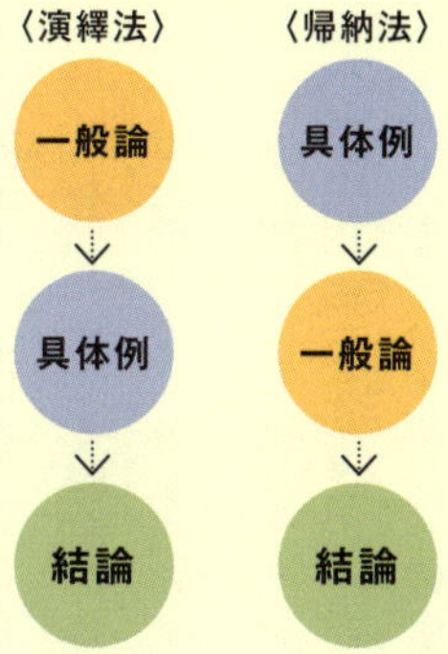


### 演繹法の展開例

「〜と言われています」「〜と聞いています」などの表現で一般論を述べ、そのあと身近な具体例をあげれば、説得力が増す。

**一般論** 「ピアノは毎日の練習が大切」と言われています。どんなに才能があっても、練習をおろそかにする人は成功しません。

**具体例** ○○コンクールで優勝した佐藤さんは、この10年間、練習を欠かしたことがないそうです。入賞した鈴木さんも、小学校時代から毎日、練習をつづけていたそうです。

**結論** だから、あなたが、もしピアノで成功したいなら、毎日練習したほうがいいですよ。

## パターン 3 反論をまじえて説得する

演繹法《えんえきほう》の「一般論 → 具体例 → 結論」の「具体例」の部分を「反論」に替える方法もある。これは「弁証法《べんしょうほう》」とも呼ばれる方法。一般論を述べてからそれに対する反論を提示し、最後に結論で新しい解決策を提案する。

### 反論を交える展開例

「たくさんの人が〜」と一般論を述べてから、「でも〜」と反論をあげて現状を否定。そして「○○はできないが××する方法はある」と興味をひき、解決策を提案する。

**一般論** 企業のグローバル化が常識になりつつあるいま、たくさんの人が「英語を自由に使いこなせるようになりたい」と考えています。

**反論** でも、実際に英語を使える人はほんのひとにぎり。学びたい気持ちはあっても、ほとんどの人が挫折してしまいます。

**結論** まったく勉強せずに英語を習得することはできませんが、時間をあまりかけずに成果をあげる方法はあります。それはテーマをしぼって勉強するという方法です。

# 「説明」の技術

**聞き手に興味を持つことが説明の第一歩。**
**「どうすればわかりやすく伝わるか」を意識しながら話そう。**

## 聞き手の傾向を理解して説明の方法を考えよう

わかりやすく説明できる人になるためには、まず聞き手の傾向をつかむことが大切だ。自分が聞き手側に回ったときのことを考えてみよう。聞き手は身勝手なもの。話し方や話題を工夫しなければ、集中して聞いてもらえないと考えたほうがよい。

　また、説明をするときは、わかりやすい伝え方を意識することも大切だ。説明する内容を事前に整理し、できるだけ簡潔な表現で話そう。テーマがいくつかある場合は、事前にその数を伝えておくことも大切。自分が知っていることを相手が知っているとはかぎらないので、ゼロから説明するつもりで準備しよう。

## Check 1 聞き手の4つの傾向

聞き手を意識しなければよい話し手にはなれない。典型的な4つの傾向を頭に入れておこう。

### 1 自分の利害関係からものごとを判断する

聞き手はプラスになる話に関心を示す。プラスにならないと判断したら耳を傾けない。

### 2 メリットのないことには興味を示さない

「メリットがない」と判断されると聞いてもらえない。相手が「得だ」と思う情報を入れよう。

### 3 聞き手に関心を示さなければ注目してもらえない

聞き手に関心を示さない人の言葉は耳に入らない。関心を示せば、注目してもらえる。

### 4 集中力を長時間たもつのは大人でもむずかしい

集中力がつづくのは大人でも30分程度。話が長くなるほど注意力は散漫になる。

## Check 2 わかりやすい説明のコツ

話す内容は事前に整理し、説明する項目の数を示すこと。短いフレーズでゆっくり全体の流れを意識しながら話すようにする。

### POINT 1 「え～、あの～、その～」は使わない

話をはじめるときの「え～」「あの～」「その～」などは禁句。ムダなつなぎの言葉は話が長くなる原因に。

### POINT 2 説明する内容をはっきりさせる

漠然とした話は聞いてもらえない。論点をしぼり、「何を伝えたいのか」をはっきりさせて話そう。

### POINT 3 意識してゆっくりしゃべる

話すスピードはできるだけ遅くする。緊張すると速くなるので、意識してスピードダウンすること。

### POINT 4 説明する数を事前に伝える

「これから3つのことをお話しします」などと具体的に数をあげれば、聞き手も頭の中を整理できる。

### POINT 5 大まかな流れをメモに書いておく

構成に自信がなければメモにまとめておく。話すときはメモを読むのではなく、参考程度にすること。

### POINT 6 説明の言葉はできるだけ短く

説明のフレーズはできるだけ短く。「○○は○○で、○○は○○で～」とつなげず、短く切って話す。

## Check 3 数字で説得力をプラス

説明中にポイントとなる数字を使うときは正確に、重要な点でなければ大まかに伝える。ものの量、長さ、広さ、重さを話すときは、比較したり、ほかのものにたとえたりすれば、聞き手が具体的にイメージできるようになる。

**重要でなければ大まかな数で**

例「100ぐらい」「約50」

**ポイントとなる数字は正確に**

例「112人も！」「62％にあたります」

**ものにたとえてイメージさせる**

例「東京ドームの10倍の広さ！」

すぐに使える!

# 説明の言い回し8

もののの言い方ひとつで賛同を得られる確率が高まる。
相手の気持ちを考えながら説明しよう。

## 1 | 資料をあとから提出する

**のちほど、それぞれの**
**細目をお知らせします。**

これもOK!

○ 詳細はのちほど資料で
ご確認ください。

「細目」とは「細かな項目」。のちほどくわしい資料などを提出する必要があるときに使う言い回しだ。

## 2 | 自分の見解を強調する

**○○と言っても、**
**過言ではないでしょう。**

これはNG!

× 絶対に○○だと
信じています。

たとえ自信があっても「絶対に～」という表現はNG。社会人らしく「過言ではない」と言い換えたい。

## 3 | 進行の遅れを伝える

**なかなか思うようにいかないのが、**
**実状でございます。**

これはNG!

× 残念ながら
進行が滞っています。

公の場で、進行の遅れを説明するときは「なかなか思うように～」と言う。遅れの原因をそのあとに説明する。

## 4 | 事後報告であることをわびる

**勝手ながら、私が判断し、**
**○○といたしました。**

これはNG!

× 急いでいたので
自己判断で進めました。

「急いでいたので～」は自分の都合を述べているだけになる。「勝手ながら～」と前置きをしてから、その理由を説明する。

### 5 | 会議で追加説明を行う

**二、三**
**補足させていただきます。**

これはNG!

✕ 私から
念押しさせていただきます。

「二、三」は「少しだけ」という意味。文字通りに2つも3つも説明するわけではない。補足説明は手短にすませよう。

### 6 | 説明後に確認を求める

**では、○○を××するという**
**方向で進めさせていただいて**
**よろしいでしょうか。**

これはNG!

✕ では、○○は××する
というかたちでいいですか。

「～という方向で」は表現をあいまいにすることでおうかがいを立てる言い回し。「というかたちで～」はカジュアルなのでNG。

### 7 | 会議で説明を終えたことを伝える

**以上で説明を**
**終わらせていただきます。**

これもOK!

○ 説明は以上と
させていただきます。

あらたまった場では「以上で～」のほうがふさわしい表現。早口で言うと急いでいる印象を与えてしまうので、ゆっくり伝える。

### 8 | 文書で説明することをわびる

**詳細は文書で**
**ご報告いたします。**
**申し訳ございません。**

これはNG!

✕ 詳細はあとで
メールします。

検証や確認が必要な場合は、上のように「申し訳ございません」と謝る。「詳細はあとで～」は上から目線なのでNG。

Advice

## 説明するときに「おわびのひと言」をそえるパターンを覚えておこう

未確認の情報で
大変恐縮ですが～

未確認の情報を盛り込むときはこのように前置きする。ただし、ただの噂は話さないこと。

必ずしも全員が
そうだというわけでは
ありませんが～

「大多数の人が指摘している」と伝えるときは、「必ずしも全員が～」と表現をやわらげる。

のちほどあらためて
検証して
ご報告いたしますが～

説明にあいまいな事実が含まれているときは上のように告げ、のちほど文書でフォローする。

## 相手の「YES」を引き出す 4

# 「お願い」の技術

**お願いにはさまざまなレベルがある。
礼節を守りながら、的確に自分の意図を伝えるようにしたい。**

### 回りくどい表現をさけて できるだけ簡潔に答える

お願いをするときは、その表現がどういう意図を含むかを意識することが大切だ。「お願い」の言い回しがカバーする領域は広く、命令、依頼、説得のほかに、場合によって説教の意図も含まれる。意図を明確にしなければ相手に伝わらないので、丁寧な言い回しをキープしつつ、自分の意図を確実に伝えよう。

同じように、相手から「お願いされる」ときにも注意が必要だ。ビジネスのコミュニケーションでは、相手の要求をすばやく察知することが求められる。お願いの言い回しであっても、「本質的にどんなことを求められているか」と考え、対応しよう。

## Technique 1 お願いのスタイルをとる5つの伝達法

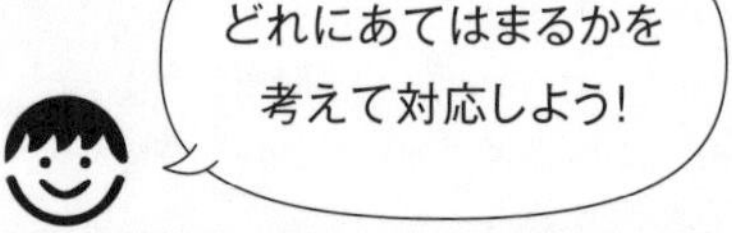


**依頼** 同格または下位の相手に何かを頼むこと。外部への依頼なら、通常は報酬が発生する。本質的には「依頼」であっても、丁寧にお願いするつもりで伝えたい。

**命令** 上意下達で相手に指示すること。上司が部下に通達する業務命令などがこれに相当する。相手は拒否できないので、できるだけ一方的な言い回しにならないように配慮したい。

**説得** 一方的に何かを頼むのではなく、相手を納得させてから動かす必要があるときは、説得する。説得は筋道を立てることが大切。論理的に話を組み立てる必要がある。

**お願い** 基本的には「依頼」と同義。ただし、立場が上の人、社外の人に頼むときは、「依頼」ではなく「お願いする」と考え、言い回しに気を配る。失礼にならないように注意。

**説教** 上位の者が下位の者をさとし、進むべき道を示す場合は「説教」となる。説教は高圧的な言い回しにならないように注意しよう。威圧するばかりでは耳を傾けてもらえない。

## Technique 2 お願いの基本的な流れ

目下の人が、目上の人にお願いをするときの定番フレーズを6つのステップで紹介する。

### STEP 1 前置き

- お忙しいところ申し訳ございません。
- お忙しいところ大変恐縮です。

目上の人に話しかけるときは、時間をいただいたことに対してお礼を言う。

### STEP 2 自分の名前

- ○○でお世話になった××です。
- ○○課の××です。

つづいて自分の名前を述べる。既知の存在であれば、「～でお世話になった」とつけ加えること。

### STEP 3 お願いの発話

- ぶしつけなお願いで恐縮ですが～
- 折り入ってお願いしたいことがあるのですが～

2つの言い回しを覚えよう。「ぶしつけなお願い」とは「無作法なお願い」という意味。「折り入って」は「特別に」という意味だ。

### STEP 4 内容の説明

- じつは、○○を××していただきたいのです。
- 今回は○○をお願いしたいと考えております。

つづいて「じつは～」「今回は～」でつなぎ、お願いの内容を述べる。回りくどい表現はさけたい。できるだけ簡潔にまとめよう。

### STEP 5 念押しの言葉

- ご検討いただけませんか。
- お力添えくださいませんか。

その場で判断できるようなことでなければ「ご検討～」と言って相手に預ける。

### STEP 6 締めの言葉

- よろしくお願いします。
- ありがとうございました。失礼しました。

承諾が得られたら「よろしく～」。得られなかった場合は「ありがとう～」と言って締めくくる。

すぐに使える!

# お願いの言い回し6

ここでは、お願いをするときのバリエーションを紹介する。
大人ならではの言い回しをマスターしよう。

## 1｜こちらの都合を聞いてもらうとき

**勝手を言いまして、**
**申し訳ありません。**

これはNG!

✕ 今回は
甘えさせてもらいます。

「勝手を言って～」は都合を聞いてもらうときにお願いする言葉だ。承諾してもらった直後にこう言えば、お礼の言葉になる。

## 2｜同格の人に簡単な用件を頼む

**すみません、お使いだてして**
**申し訳ありませんが～**

これはNG!

✕ ごめんなさい、
ついでにお願いしちゃいます。

「お使いだて」は「他の人に用事をさせる」という意味。目上の人にはそんな用件を頼むこと自体がNGだ。

## 3｜目上の人に急ぎではない用件を頼む

**お忙しいとは存じますが、**
**お手すきの折にでも～**

これはNG!

✕ 急いでませんので、
暇なときにでも～

「お手すきの折に」とは「手があいているときに」という意味。「暇なときにでも～」は上から目線の言葉なのでNGだ。

## 4｜年上の部下にお願いをする

**○○さん、ひとつ**
**お骨折りをお願いいたします。**

これはNG!

✕ なんとか助けてくださいよ、
○○さん。

上司ではなくても年上の人には敬意を持って接したい。「なんとか助けて～」は、なれなれしいのでNG。

### 5 | 締め切りの延期を丁重に頼む

**○○の件、ご猶予を
いただくわけには、
参りませんでしょうか。**

これはNG!

✕ もう少し待ってもらうのは、
むずかしいですか？

延期をお願いするときは、上のように述べてから「じつは〜」と事情を説明する。まだ余裕がある時期に切り出すようにしたい。

### 6 | 目上の人にお願いする

**お取りはからいのほど、
よろしくお願いいたします。**

これもOK!

○ お取りなしのほど、
よろしくお願いします。

「お取りはからい〜」「お取りなし〜」は同様の表現。トラブルをおさめてほしいときにも使える言い回しだ。

Advice

## お願いをするときの動作とクッション言葉

正面から近づくと威圧感を与えるので、横またはナナメに立って話を切り出す。クッション言葉をつけて説明したあと、感謝の気持ちをアクションで示そう。目上の人に対しては会釈を忘れないようにしたい。

● 依頼するときのアクション

1 横またはナナメに立つ → 2 クッション言葉＋依頼 → 3 感謝のアクション

● 依頼するときのクッション言葉

- 恐れ入りますが〜
- 大変恐縮ですが〜
- ご多忙中とは存じますが〜
- ご足労をおかけしますが〜
- 私事で恐縮ですが〜

あらゆる場面に対応！
SCENE 1 意見を聞かれた
SCENE 2 説明を求められた
SCENE 3 失敗の理由を聞かれた
SCENE 4 感想を求められた
SCENE 5 要望を聞かれた

## 一目置かれる人になれる！

# 方程式

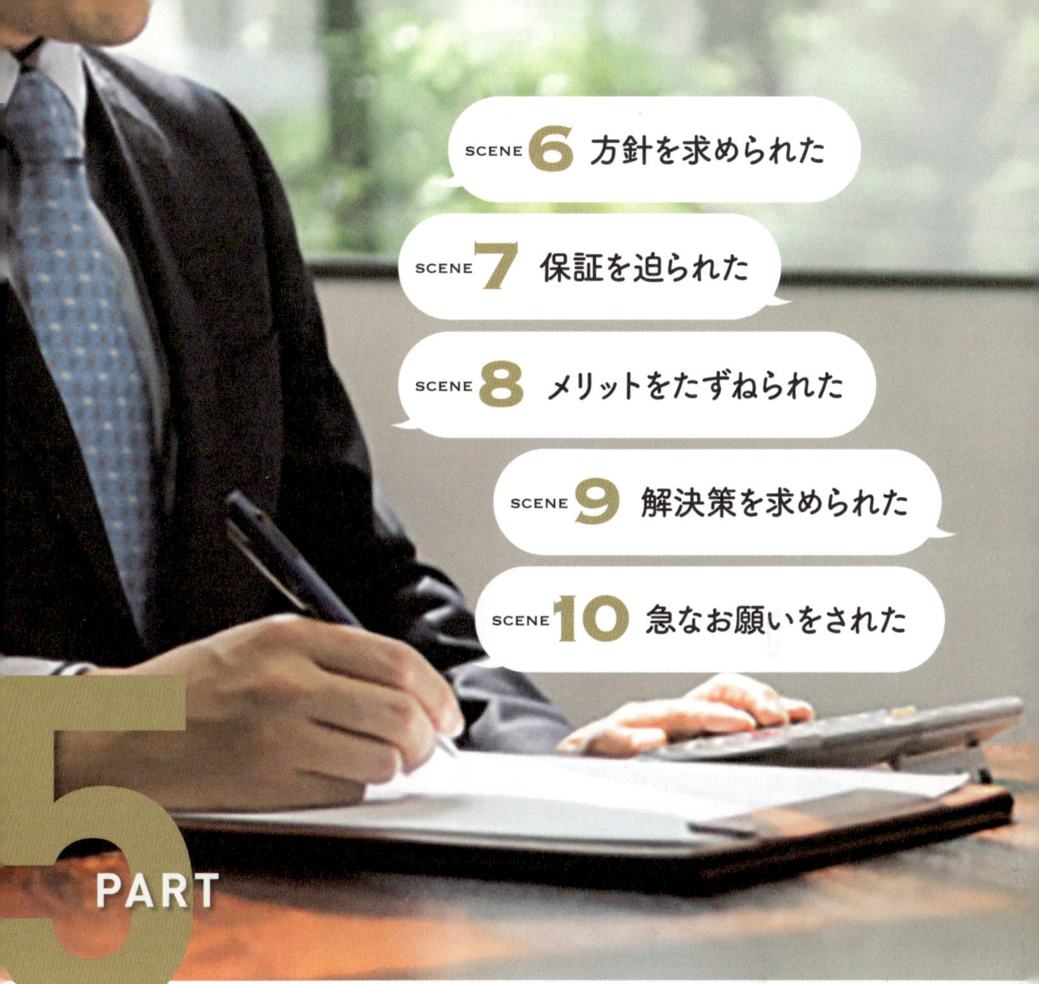

SCENE 6 方針を求められた

SCENE 7 保証を迫られた

SCENE 8 メリットをたずねられた

SCENE 9 解決策を求められた

SCENE 10 急なお願いをされた

PART 5

ビジネスシーンでは、相手のアプローチに対する的確な対応が求められる。
その場で的確な返事を返せるようになれば、「できる人」と信頼されるようになる。
相手が「求めているもの」を読みとることが第一。ここで紹介する
「返事の方程式」を頭に入れて、「求めているもの」を返せるようになろう。

# 返事の

返事の方程式 SCENE 1

# Q 意見を聞かれた

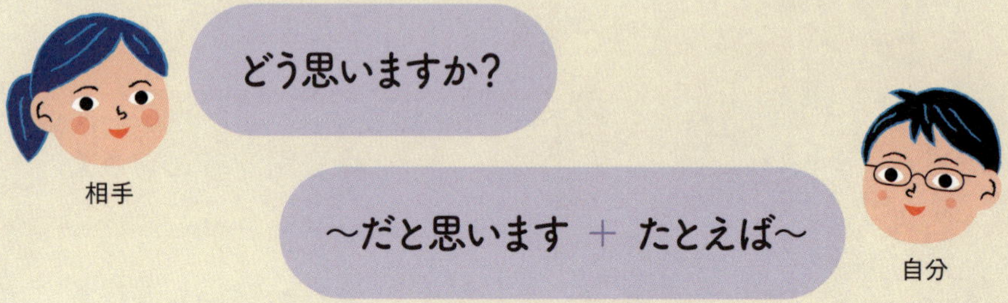
どう思いますか？
相手
〜だと思います ＋ たとえば〜
自分

## A 感想を伝えてから、提案をプラスして返す

もし2つの選択肢があって「どちらがいいと思いますか？」と聞かれたときは、どちらかを選んでその理由を告げればＯＫ。

一方、「どう思いますか？」と聞かれたときは、自分の考えをはっきりと述べるようにしよう。この場合、相手が求めているのは、新たなアイデアや視点にもとづいた提案だ。自分の意見を大まかに伝えたあと、「たとえば」でつないで具体的に説明しよう。

もし、何も思い浮かばなかったときは「少し時間をいただけますか」と相手にたずね、答えを保留にすること。その場しのぎの感想は返さないほうがいい。

---

これも知っておきたい！

### 提案を思いつかないときは答えを返す期限を聞く

考えがまとまらない場合は、相手にお願いして考える時間を確保しよう。中途半端に答えを返すよりも信頼される。ただし、このとき期限を聞くことを忘れないように。どんなに斬新なアイデアでも、タイムリミットをすぎれば価値がなくなる。

期限を教えていただけますか

返事の方程式 SCENE 2

# Q 説明を求められた

## A 大まかに説明してから、相手の質問を待つ

「○○ってどんなもの？」と相手が聞いてきたら、まず手短にアウトラインだけをまとめて伝えよう。相手が求めているのは「大まかな答え」。こと細かに説明してほしいわけではないことを理解したい。すべてを伝えようとすると、何も伝わらなくなる。

アウトラインを説明したあとは、相手の質問を待ち、どの部分を知りたがっているかをつかもう。質問にそって少しくわしく説明したあと、ふたたび相手の反応を待つようにする。これを何度かくり返せば、相手が知りたいポイントに対して的確な答えを返せるようになる。

これも知っておきたい！

### 説明しようとすればするほど相手に伝わらなくなる

特定の分野について知識のある人は、ビギナーに対して「あれこれ教えてやろう」という気持ちになる。細かいことまで正確に説明したいと考え、冗長な言い回しになりがちだが、基本的な知識がない人はついていけない。注意しよう。

返事の方程式 SCENE 3

# Q 失敗の理由を聞かれた

相手

どうして○○になったの？

理由 ＋ 未来のビジョン

自分

## A いきさつを説明したあとに未来のビジョンを

過去の失敗に対して「どうしてそうなったの？」と相手が聞くときは、事情だけを知りたいわけではない。相手がほんとうに聞きたいのはそのあとの対策だ。

事情だけを説明して終えると、相手は「言い訳ばかり言っている」と感じてしまうこともある。過去の失敗のいきさつを説明したあとは、その失敗を未来にどういかすかを忘れずにつけ足すようにしたい。

もし、その未来のビジョンがポジティブなものであれば、相手も心から納得してくれるはずだ。ときにははげましてくれたり、相談にのってくれたりする。

---

これも知っておきたい！

### 相手の気持ちを考えないNGフレーズに注意する

「どうして○○したの？」と理由を聞かれたときに、あいまいな答えを返すと、相手をがっかりさせてしまう。また、相手の気持ちを考えない乱暴な言い回しを使えば、相手の怒りを招くこともあるので注意が必要だ。

**あいまいなNGフレーズ**

- 深く考えたことはありません。
- とくに理由はありません。

**気持ちを考えないNGフレーズ**

- まったくわかりませんね。理由があったら、教えてほしいくらいですよ。
- まあ、なんとなくですかね。

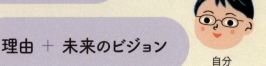

返事の方程式 SCENE 4

# Q 感想を求められた

## A ビフォア&アフターを比べて表現する

自分の体験に対して「感想を聞かせて」と相手に求められたときは、以前の自分（ビフォア）と以後の自分（アフター）を比べて、その違いを具体的に表現するようにしよう。ここで求められている答えは「いまの気持ちを表現すること」ではない。求められているのは、体験によって「何がどのように変化したか」という具体的な事実だ。

「以前は～」と過去を語ったあとに「いまは～」と説明すれば、体験の意義が明らかになる。また、このビフォアとアフターのギャップが大きければ大きいほど、こちらの気持ちが伝わる。

---

これも知っておきたい！

### 芸術作品に対する感想を言うときは自分の評価を押しつけない

映画、音楽、本など芸術作品に対する感想を求められたときは、評価を明らかにしてから「××さんは？」と聞き返す。自分の評価を押しつけず、相手に感想を求めて話を広げよう。

**よかった感想を伝える**

- 『○○（作品名）』、よかったよ。××さんなら、わかってくれると思うなあ。

**よくなかった感想を伝える**

- 『○○（作品名）』、私はピンとこなかった。××さんは、どうですか？

返事の方程式 SCENE 5

# Q 要望を聞かれた

ご要望はありますか?

相手

お願い ＋ 必要性

自分

## A お願いするときは「念押し」で終える

会議や集会でみんなに要望を聞く場合、担当者は意見を聞きながら「すぐやるべきこと」と「あと回しにすること」を判断している。もし要望を述べても「あと回し」のグループに入れられてしまえば、その時点で意見が採用されることはない。

そこで、要望を求められたときは、まず「1つお願いが～」と前置きをしてから、「～してもらえませんか?」とお願いの形で申し出る。そのあと、お願いの理由を述べ「～は絶対に必要です」と強い口調で結ぶようにする。「～してからでは遅い」と念押しするのも有効だ。

---

これも知っておきたい!

### 要望を実現したいときは具体的な数字をプラスする

要望の内容を伝えるときは、できるだけあいまいな表現をさけるようにしよう。「とても」「すごく」「かなり」など、主観的でアバウトな言い回しは、できるだけ具体的な数字に置き換えて話すようにしたい。

✕ とてもたくさんいる。
○ 少なくとも50人はいる。

✕ かなり注目されている。
○ ネットのアクセス数が1万件をこえた。

✕ とても信頼されている。
○ 8割のお客様と5年以上のおつきあいがある。

返事の方程式 SCENE 6

# Q 方針を求められた

相手

方針を教えてください

まず○○を目指します

自分

## A はじめに「目標」を述べ、方法を説明する

チームのメンバーはリーダーの言動に注目している。部下から「方針を教えてください」と聞かれたときは、まず手短に目指すべき目標を宣言し、そのために行うべき具体的な行動を1つあげて説明すること。もし、だれかが問題点を指摘したときは、できるだけ誠実に答えてから「みんなで○○しましょう！」と目標に向かっていっしょに努力するように呼びかけてみよう。

メンバーがほんとうに知りたいのは方針よりもあなたの人柄。リーダーとして信頼できるかどうかを見きわめようとしているので、毅然とした態度で話をしよう。

これも知っておきたい！

### 部下に仕事の方針を示すときはフォローのひと言を忘れない

自分のチームに対してきびしい方針を打ち出したときは、フォローの言葉が必要だ。甘やかさず、はげます言葉をかける。

**フォローのひと言**

- いっしょにやってみようよ。
- できなかったら
そのつど方法を考えていこう。
- やってみることに意義があると思う。

**身勝手フレーズ**

- 何も考えずにやるだけやってみなよ。
- 言われた通りにやってよ。
- 文句を言わずに手を動かしなよ。

返事の方程式 SCENE 7

# Q 保証を迫られた

保証できますか？

できます ＋ 万が一〜

## A 理由を述べ、不安を打ち消す言葉でしめる

相手が「保証できますか？」と聞いてくる場合は「１００％の安心」を求めている。確率がいかに高いかを説明するのではなく、万が一の場合にもきちんとした対応策があることを示そう。

まず「保証できますか？」とたずねられたら、「はい」と答え、そのあと、なぜ保証できるかという理由をできるだけ具体的に説明しよう。

相手が「もし」と仮定して聞いてくる場合は、不安が完全に解消されていないということ。「万が一」という言葉で受けてから、その不安を打ち消すような対応策を示したい。

---

これも知っておきたい！

### 個人的な保証を求められたときは力強く「お約束します」で返す

相手があなたという個人に対して保証を求めている場合は「きちんとした約束」で返す。「はい、お約束します」という言葉で受けて、決意の言葉をプラスしよう。

**成果に対する保証**

例 はい、お約束します。
約束をたがえることがないよう、
懸命に努力しますので、
ご安心ください。

**返済に対する保証**

例 はい、お約束します。
○○が××になりましたら、
必ずお返しいたします。
ご安心ください。

返事の方程式 SCENE 8

# Q メリットをたずねられた

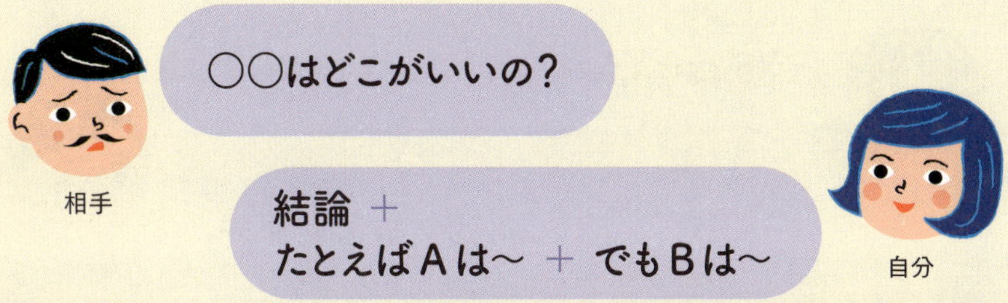


## A 結論を述べてから例を2つあげて比較する

相手がメリットについて「どこがいいの？」と具体的に聞いてきたときは、優れているポイントをあげるだけでは納得してもらえない。はじめに「いちばんは○○という点」と結論を伝えてから説明しよう。

そのあと、比較できるものを具体的にあげて「たとえばAは～」「でもBは～」という形で違いを説明し、相手にメリットを実感してもらうようにする。

ここで大切なのは、具体的な例をあげるとき、相手の個人的な体験に合わせるという点だ。自分の体験に照らし合わせて理解できれば、納得してもらえるはずだ。

これも知っておきたい！

### 中立の立場を守りたいときはデメリットも説明しておく

メリットを聞かれたときは、「結論 → AとBの比較」で答えるが、もし、中立の立場を守りたいと考えるなら、最後にデメリットを1つプラスしよう。メリットとデメリットを両面から伝えることで、公平な判断をうながせる。

返事の方程式 SCENE 9

# Q 解決策を求められた

相手

どうすればいいんですか?

いっしょに考えてみよう

自分

## A 方向性を示してから、いっしょに考える

「どうすればいいんでしょう?」と聞いてくる相手は、はっきりした解決策を求めている。もし、即答できなければ、はじめに大まかな方向性を示し、論点を明らかにしよう。そのあと「いっしょに考えてみよう」と提案してから、「たとえば〜」と具体例をあげて検討するようにしたい。お互いにアイデアを出しあって検討し、納得できる解決策を探る努力をすることが大切だ。

もし、その場でよい案が浮かばないときは、お互いに持ち帰って検討することを申し出る。最後までともに考える姿勢を貫けば、信頼されるようになる。

これも知っておきたい!

### 部下から信頼されなくなる「はまりパターン」に注意!

答え方を間違えると、解決にたどりつかなくなる。相手に共感しすぎたり、問題を大きくしたりなど、過剰な反応はNGだ。また、世間話のように受け流すこともやめたほうがいい。

要注意フレーズ例

相手に共感しすぎる

✕ ひどいよね、すごくわかる。あーっ、それは最悪!

問題を大きくしてしまう

✕ それは大問題だ!

話を受け流してしまう

✕ 私もやったことがないから、よくわからないんだよね。

返事の方程式 SCENE 10

# Q 急なお願いをされた

悪いけど、〇〇を頼めませんか?

相手

申し訳ありません ＋ じつは〜(理由)

自分

## A 断る理由を説明してから代案を出す

急なお願いをされたときも相手の気持ちを考えることが大切だ。相手は「受けてくれること」を期待しているので、断るときは「それならしかたがない」と納得できるような理由が必要だ。

まず「断ること」に対して謝罪をしてから、断る理由をきちんと説明しよう。そのあと「依頼は受けられないが次善の策があること」を伝える。その策を了承するかどうかは、相手の判断にゆだねるようにする。

新たな代案を用意すれば、相手は納得してくれるはずだ。次の機会に「また頼もう」と思ってもらえるような断り方をしよう。

これも知っておきたい!

### 飲み会や社内の行事の誘いは4ステップで断る

はじめにクッション言葉で「ほんとうは誘いに応じたい」という気持ちを伝え、それから理由、断り、フォローの順に伝える。

| | | |
|---|---|---|
| STEP 1 | クッション言葉 | ほんとうに残念なのですが〜 |
| STEP 2 | 断る理由 | どうしてもはずせない用件があるため、 |
| STEP 3 | 断りの言葉 | 今回は遠慮させてください。 |
| STEP 4 | フォローの言葉 | 次回は、ぜひ参加させてください。 |

すぐに 活用できる4つのアイデア

# ふせんを使って「思考を言語化」する方法

ふせんを伝言メモやToDoリストだけに使うのはもったいない！
「書いて・貼って・はがせる」という特性をフルに活かせば、
思考を言葉にするための強力なツールになる。

論理的な話し方を身につけたい！

ふせんのアイデア 1

## ピラミッド構造の図にふせんを貼る

おすすめサイズ
▸小〜中
ふせんを貼る場所
▸手帳
▸ノート

### ピラミッド図＋ふせんで頭のなかを整理してから話す

論理的に話ができない人は、頭が整理されていない状態で話をはじめてしまう。ノートにふせんを貼って、要点を整理してから話をするようにしてみよう。まず、ノートにピラミッド図（左ページ参照）を書き、いちばん上に「結論」を記入したふせんを貼る。そのあと、思いつくことをすべて箇条書きにしてふせんに記入。結論に結びつく「理由」と、その理由を裏づける「詳細」に分けてピラミッドの図に貼る。このとき「結論」を書き直してもよい。ふせんで整理することで、「話すべきこと」と「話さなくてもよいこと」が自然に分類できるようになる。

## 実例 論理的な話し方の構造を組み立てる

ふせんを使えば、トライ＆エラーで論理を組み立てられる。図に貼って整理する際に、「違うな」と思ったふせんは、はずしてしまえばいい。

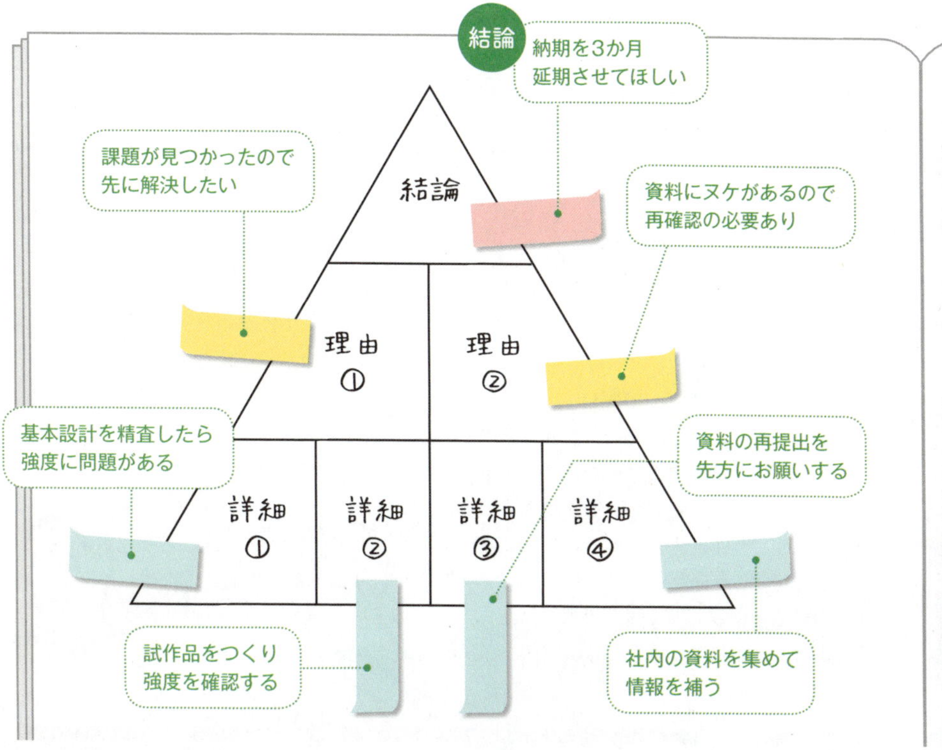

### たとえば、このふせん！

**ポスト・イット®**
**強粘着ふせん**
**マルチカラー** 364円

7色のふせんを組み合わせたカラフルな製品。7つのカラーを使い分けることで、より幅広い用途で活用できる。
75 × 25㎜ 30枚 × 7冊

**ポスト・イット®**
**全面粘着ロール** 693円

好きな長さにカットして気軽に使えるロールタイプのふせん。文字が読みやすいパステルカラーの４色で展開。写真の25㎜幅のほかに、12㎜幅、50㎜幅もあり。
25㎜ × 10m／2巻セット（イエロー&ブルー）
ディスペンサー付き


※記載の価格はメーカー希望小売価格（税込）になります。

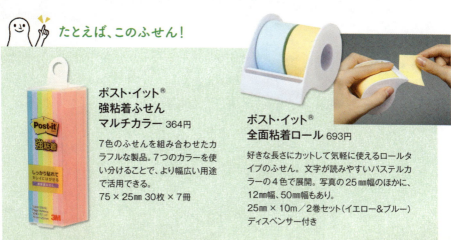

ふせんのアイデア

**2**

**ブレストで意見をまとめたい！**

# ふせんに キーワードを書いて出す

おすすめサイズ
▸ 中〜大
ふせんを貼る場所
▸ テーブル
▸ ホワイトボード

## 「1アイデア＝1つのふせん」で 全員のアイデアを見える化できる

参加者がアイデアを出し合うブレインストーミング（以下、ブレスト）では、たくさんのアイデアが飛びかう。実際に、ブレストが終わるまで、どれが重要かどれが重要ではないかがわからないため、キーワードをメモしておくようにしたい。そんなときに有効なのが、参加者全員にふせんを配布するという方法。自分が思いついたアイデアをその場でキーワードにしてふせんに記入しておき、意見をまとめるときに提出してもらう。少人数なら、テーブルに貼るだけでOK。5〜6人以上なら、ホワイトボードに貼って整理する。類似したキーワードを集めたり、相反する意見を分類したりする過程で、自然に方向性が見えてくる。ふせんを利用するだけで参加者全員の思考をビジュアルとしてつかめるようになる。

## 実例 ふせんを使うブレストの展開

自分が残したいキーワードを自分でふせんに記入する。キーワードとして記入する段階で一度アイデアを整理できる点も大きなメリットだ。全員が提出したふせんを分類してまとめる過程で、もう一度整理できる。最後に、残ったふせんをスマホで撮影して、議事録として活用しよう。

- Step 1 参加者全員に ふせんを10枚ずつ配る
- Step 2 ブレスト中に キーワードを記入する
- Step 3 意見をまとめる前に テーブルにふせんを出す
- Step 4 グループに分けて ふせんを整理する
- Step 5 重要なキーワードを まとめて撮影する

### たとえば、このふせん！

**ポスト・イット®強粘着ノート マルチカラー　増量パック** 3,586円

全21色をグルーピングし、8通りの組み合わせをラインアップ。シーンに合わせて色を使い分けられる。アイデア出しに便利な大きめサイズ。写真（左）は元気になれる色を集めた「シトラス（MC-6）」、写真（右）は注目を集める色を集めた「フラッター（MC-8）」。
各75×75mm 90枚 × 12冊

---

**ポスト・イット®アプリ**
無料アプリ（iOS版／Android版）

手書きのポスト・イット®ノートを並べて、スマホのカメラで撮影するだけで自動認識し、データ化してくれるアプリ。保存したデータにテキストやイラストを追加したり、グルーピングしたりできるので便利。チームで共有すれば、議事録として活用できる。

Android版　iOS版

ポスト・イット®アプリを使えば、ブレストの結果をかんたんに共有できる

※記載の価格はメーカー希望小売価格（税込）になります。

部下に仕事をお願いしたい!

ふせんのアイデア 3

# ふせんに「コツ」を書いてわたす

おすすめサイズ
- 大〜特大

ふせんを貼る場所
- 相手のメモ帳
- ノート

## 「コツ」を書いてから説明すれば ヌケ・モレ防止になる

部下や同僚に新たな仕事をお願いするときは、説明をはじめる前に「タスク」「期日」「コツ」を書き込んだふせんのメモを用意しよう。対面で説明するときは、大まかにアウトラインを述べてから、「コツ」の部分を口頭で補足。ふせんに書いておけば「説明し忘れた」ということもなくなり、相手も要点をつかみやすくなる。説明を終えたら、やさしく「お願いします」と言いながらふせんをわたす。このとき、命令口調にならないように注意しよう。

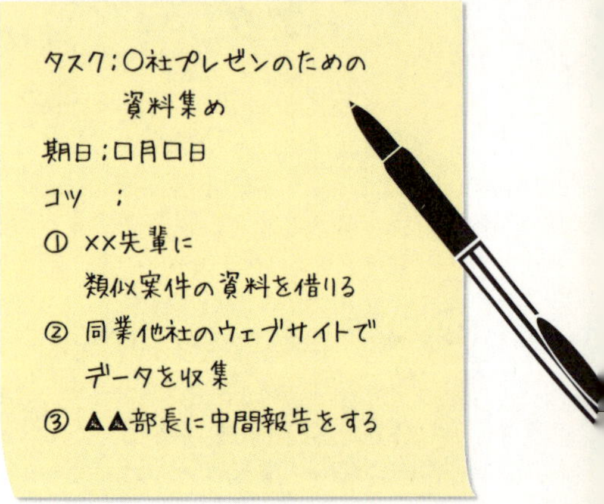
タスク：○社プレゼンのための
資料集め
期日：□月□日
コツ　：
① ××先輩に
類似案件の資料を借りる
② 同業他社のウェブサイトで
データを収集
③ ▲▲部長に中間報告をする

実例

## ふせんでお願いをする手順

お願いをする前に、パソコンやノートを見ながら、タスク、期日、コツをふせんにぬき書きする。このふせんを見ながら対面で説明し、最後にふせんを手わたす。

Step 1 ふせんにぬき書きする

▼

Step 2 ふせんを見ながら説明

▼

Step 3 相手にふせんをわたす

ヌケ・モレが
なくなる!

ふせんのアイデア 4

いい言葉を口癖にしたい!

# 「キラーワード」をデスクに貼る

おすすめサイズ
▸大
ふせんを貼る場所
▸壁
▸机

## ふせんに書いて貼るだけで言葉が記憶に定着する

つねに視覚に入るメッセージは、心のなかに奥深くきざまれる。標語やスローガン、電車の吊り広告のメッセージなどは、いつのまにか、覚えてしまうもの。ふせんにお気に入りの「キラーワード」を書いて、壁や机の上など、目に入る場所に貼っておこう。ノートに書くとそのページを開かなければ目に入ることはない。ふせんを貼っておけば、覚えようとしなくても、自然に記憶に残るようになる。

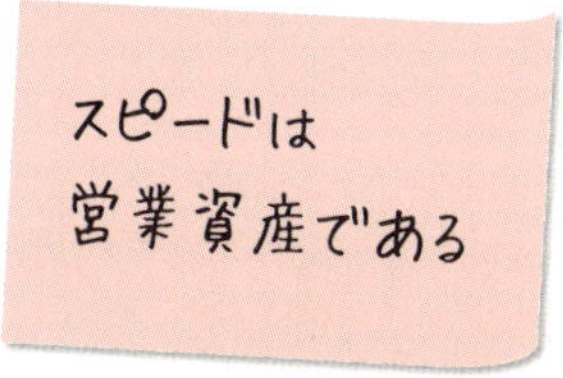
スピードは
営業資産である

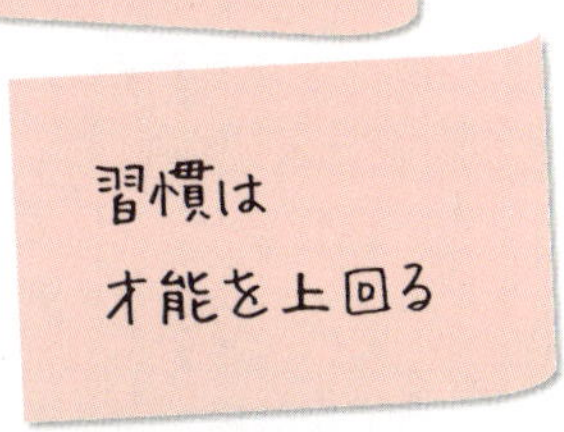
習慣は
才能を上回る

### たとえば、このふせん!

**ポスト・イット®
シルエットノート　強粘着タイプ** 495円

直感的にメッセージが伝わる“シルエット形状”のノート（ふせん）。記憶に残したい言葉をメモするときに役立つ。また、社内のコミュニケーションツールとしても活用できる。フキダシ４種のほか、クマ、ハート、サクラ、サカナなど、全20種で展開。写真はフキダシのタイプ（30枚 × 3色）。

Post-it
90
シルエットノート
フキダシ2
強粘着
3M

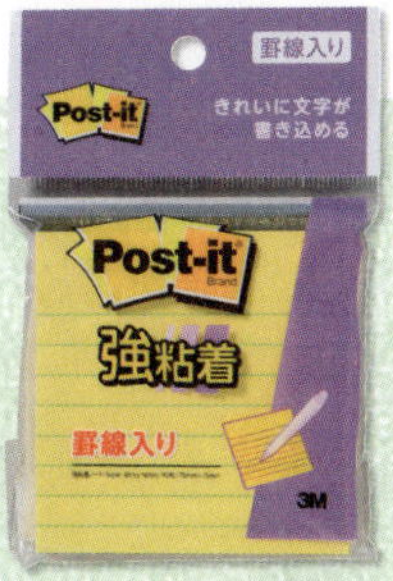
罫線入り
Post-it
きれいに文字が書き込める
Post-it
強粘着
罫線入り
3M

**ポスト・イット®
強粘着ノート　罫線入り** 385円

長文のメモやメッセージ、伝言などがきれいに書ける罫線入りタイプ。パソコンや電話、キャビネットなどの樹脂面や垂直面など、はがれやすかった場所にもしっかり貼れる。写真の色はウルトライエロー。ほかにライム、イエローもあり。75 × 75㎜ 90枚


問 スリーエム ジャパン株式会社 0120-510-333 ※記載の価格はメーカー希望小売価格（税込）になります。

仕事の教科書 mini

# 結果を出す人の すごい伝え方

2020年3月31日　第1刷発行

**STAFF**

デザイン・組版　櫻井ミチ
編集　ヴァリス(鍋倉弘一／米田政行)
協力　NPO法人日本サービスマナー協会
(P.35～P.123)
校正　東京出版サービスセンター
表紙写真　PIXTA
写真素材　Adobe Stock

発行人　鈴木昌子
編集人　滝口勝弘
企画編集　浦川史帆
発行所　株式会社 学研プラス
〒141-8415
東京都品川区西五反田 2-11-8
印刷所　凸版印刷株式会社

《この本に関する各種お問い合わせ先》

●本の内容については、
下記サイトのお問い合わせフォームよりお願いします。
https://gakken-plus.co.jp/contact/
●在庫については
☎03-6431-1201(販売部)
●不良品(落丁、乱丁)については
☎0570-000577
学研業務センター
〒354-0045 埼玉県入間郡三芳町上富279-1
●上記以外のお問い合わせは
☎0570-056-710(学研グループ総合案内)



学研の書籍・雑誌についての新刊情報・詳細情報は、
下記をご覧ください。
学研出版サイト　https://hon.gakken.jp/